PORT ET OASIS

DU

BASSIN DES CHOTTS TUNISIENS

PROJET

DE

M. LE COMMANDANT LANDAS

PARIS

IMPRIMERIE DE LA SOCIÉTÉ DE PUBLICATIONS PERIODIQUES

1886

PORT ET OASIS

DU

BASSIN DES CHOTTS TUNISIENS

PROJET

DE

M. LE COMMANDANT LANDAS

PARIS

SOCIÉTÉ ANONYME DE PUBLICATIONS PÉRIODIQUES

—

1886

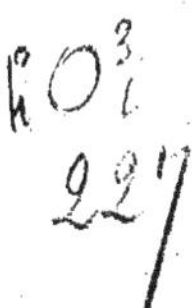

PORT ET OASIS

DU

BASSIN DES CHOTTS TUNISIENS

RAPPORT DE M. LE COMMANDANT LANDAS

A M. FERDINAND DE LESSEPS

Paris, le 15 Décembre 1885.

Monsieur le Président,

A la mort si regrettable du Colonel Roudaire, le 14 janvier 1885, vous me fites l'honneur de me confier la direction des travaux de la Mer Intérieure Africaine.

Les résistances opposées, par l'ignorance des uns et le mauvais vouloir des autres, à la création de la Mer Intérieure Africaine étaient, à ce moment, devenues violentes, passionnées. — Peu de temps après votre voyage dans le bassin des Chotts, en 1883, vous dites que ces résistances devaient être vaincues par les faits, et qu'il convenait, par cela, de restreindre momentanément les proportions de l'œuvre grandiose conçue par le Colonel Roudaire, que vous aviez reconnue pratique et approuvée, M. le Président.

En abordant la question par un côté facile, modeste, vous pensiez que l'on arriverait promptement à en démontrer la réalisation possible et désirable à tous les points de vue, et qu'ainsi, peu à peu, au moyen des faits successifs, vous détruiriez les préjugés, vous vaincriez les oppositions, vous feriez pénétrer enfin la conviction dans les esprits les plus prévenus.

C'est ainsi que par votre communication de juillet 1884 à l'Académie des Sciences, vous annonciez que vous étiez d'accord avec le département des Affaires étrangères, pour commencer par la création d'un port à l'embouchure de l'*Oued-Melah* point d'amorce du futur Canal appelé à remplir les Chotts, à faire la Mer Intérieure.

En conséquence, une expédition nouvelle fut organisée en octobre 1884, chargée d'étudier la création du port de l'Oued-Melah.

Le Colonel Roudaire, tombé gravement malade, succombait le 14 janvier 1885.

Appelé à diriger l'expédition, j'étais chargé d'étudier la création du port de l'Oued-Melah, et le creusement d'un puits artésien. Il était en effet indispensable de savoir si l'on pourrait amener à fleur du sol toute l'eau nécessaire à la fondation d'une ville et à l'approvisionnement des chantiers.

L'expédition composée de M. Baronnet, de M. Dru et de quelques opérateurs, s'embarquait à Marseille le 9 février. Le 15 du même mois, nous débarquions à Gabès.

Le lendemain, nous campions à Ouderef, à 7 kilomètres de la mer.

M. Baronnet s'occupait aussitôt d'étudier le chemin de fer qui amènerait les calcaires du Coudiat Hameïmet à la mer.

M. Dru désignant l'emplacement du puits, surveillait les premiers travaux, et faisait ensuite de très intéressantes explorations géologiques dans le bassin de l'Oued-Melah.

De mon côté, j'entreprenais immédiatement des sondages à l'embouchure de l'Oued-Melah, afin d'avoir le relief exact du fond de la mer en face de l'embouchure, emplacement du futur port.

Le 30 mars, nos diverses opérations étant terminées, nous revenions en France, laissant le chef sondeur, M. Derœux, achever le forage du puits artésien commencé.

Je m'étais préoccupé, nécessairement, dès mon arrivée sur le terrain de me renseigner sur les trafics commerciaux de la région et sur le mouvement que l'on pourrait amener au Port, en envoyant d'abord, aux agents consulaires, aux commerçants, aux agents de douane, aux consignataires, aux officiers de bureau indigène, aux sociétés agricoles, etc. un questionnaire relatif aux productions, aux cultures et aux échanges locaux.

Pendant ce temps, l'étude spéciale des résultats donnés par les sondages déjà exécutés dans le bassin des Chotts, et celle des conditions géologiques de la contrée, me firent prévoir la réussite complète du puits de l'Oued-Melah et j'en conclus qu'il devait exister dans toute cette région des nappes artésiennes abondantes ; qu'alors, des établissements agricoles, favorisés par des forages artésiens successifs, prendraient rapidement une valeur considérable, et que dans un avenir plus ou moins éloigné, ces valeurs créées, réelles, viendraient garantir la société formée pour donner le capital destiné à créer la Mer Intérieure, but de nos efforts.

En effet, à mesure que je recevais, recueillais et étudiais tous les renseignements qui m'étaient parvenus sur les essais de culture entrepris en Algérie depuis la conquête, et en les coordonnant, je constatais de plus en plus fermement, que l'on pouvait dresser le plan d'un centre agricole unique au monde, sans précédent, puisque l'on aurait, et à discrétion, cette chose précieuse, dont l'absence ou le peu d'abondance a toujours enrayé la prospérité des établissements agricoles en Algérie, c'est-à-dire l'EAU.

Or, le 20 mai, le forage atteignait la nappe artésienne à 90 mètres, et il en jaillissait une source débitant 8.000 litres par minute, ce qui prouvait le peu de profondeur de la nappe et sa grande puissance.

Le problème était donc résolu.

A cette nouvelle je partis pour Tunis, chargé en votre nom, de m'entendre avec M. Cambon, ministre résident de France, eu vue d'obtenir du Gouvernement Beylical, avec l'autorisation de construire un port, les avantages propres à favoriser la création des établissements projetés.

Votre haute et active intervention nous valut un Decret de S. A. le Bey par lequel vous sont concédés tous les privilèges compatibles avec les droits et coutumes du Gouvernement Tunisien.

Je m'adressai, d'autre part, à l'homme qui résume, pour ainsi dire, tous les essais de culture qui ont été faits en Algérie, M. Charles Rivière, directeur du Jardin d'essai d'Alger, et je demandai à cet éminent praticien un plan de culture comprenant toutes les variétés que l'expérience a démontrée susceptibles d'être exploitées avec succès sous la latitude du golfe de Gabès : c'est ce plan de culture qui est la base des considérations économiques du projet.

Après ce préambule nécessaire, je diviserai le Rapport que j'ai l'honneur de vous soumettre, Monsieur le Président, en 9 chapitres spéciaux :

I.	Port de l'Oued-Melah.
II.	Oasis.
III.	Cultures et Industries.
IV.	Terrains.
V.	Capital.
VI.	Rendements.
VII.	Résumé et Conclusion.
VIII.	Pièces annexes ou justificatives.

I. PORT DE L'OUED-MELAH

Nécessité d'un port dans le Sud de la Régence.

La côte africaine sur toute la longueur qui va de Bône à Alexandrie, est absolument privée d'un point de refuge maritime quelconque.

Cette côte, qui s'est lentement soulevée, même depuis les temps historiques, n'offre maintenant que des plages uniformes, à pente excessivement douce (1).

La nécessité de construire des ports en Tunisie a déjà été démontrée. Depuis quelques années surtout, cette question a été posée et étudiée à diverses reprises , plusieurs projets ont été élaborés.

Il semble que, seul, le projet qui concerne le port de Tunis proprement dit, doive être admis par l'administration qui compterait réaliser ce projet avec les ressources du budget Tunisien. Ce projet, qui demandera un bon nombre d'années pour son exécution, et qui n'intéresse spécialement que l'agglomération Tunisienne, est d'ailleurs un projet considérable.

Mais en admettant l'établissement de ce port, toute la côte Sud demeurerait privée d'abri. Il résulte de l'inhospitalité maritime des côtes Africaines dont nous parlons, des difficultés d'embarquement et de débarquement qui opposent au développement du trafic un obstacle absolu.

Les bâtiments, même d'un faible tonnage, sont obligés de jeter l'ancre loin du rivage, même à marée haute; devant Sfax, par exemple, ils ne peuvent avancer à plus de deux kilomètres de la côte.

On a construit quelques appontements, mais ces appontements n'ont pas assez de longueur pour permettre aux navires de *boraquer*; battus par tous les vents, ils n'offrent d'ailleurs aucune garantie de sécurité. Souvent par les fortes mers, les ports, ou, pour mieux dire, ce qui en tient lieu, restent fermés ; et les navires qui arrivent en rade repartent sans avoir pu opérer leur déchargement, emmenant non seulement leurs marchandises, mais leurs passagers.

---

(1) Ce lent soulèvement est démontré par la situation actuelle des ports Romains :

Le port d'*Hadruméte* (Sousse actuelle), est maintenant à 15 mètres au-dessus du niveau de la mer ; celui de *Tacape* (Gabès) se trouve actuellement à plus d'un kilomètre dans l'intérieur des terres.

Les grands bâtiments de commerce, notamment les paquebôts transatlantiques, souffrent particulièrement de ce déplorable état des côtes ; ceux qui sont tenus de venir dans le voisinage des centres de population, sont obligés de faire escale dans des rades très peu sûres, n'offrant aucune des commodités nécessaires ; l'embarquement et le débarquement des hommes et des marchandises exigent l'emploi de *chalands* qui, sur divers points, sont forcés d'attendre la haute mer pour procéder aux opérations.

Quant aux caravanes, au moyen desquelles s'exerce le trafic de l'intérieur, elles se dirigent indifféremment, faute d'un lieu propice où se centraliserait le commerce maritime, sur tel ou tel point de la côte, à proximité de leur point de départ.

En résumé, le mauvais état des côtes, les difficultés qui en résultent, les frais considérables que ces difficultés occasionnent, sont actuellement des obstacles presque insurmontables au développement de la production et des transactions. L'incontestable utilité d'un port sûr, vaste, commode, établi dans ces parages, au point le plus favorable, est démontré par sa nécessité même.

L'embouchure de l'Oued-Melah est le point le plus avantageux à la création d'un port.

Quel est le point de la côte le plus favorable à l'établissement d'un port ?

Cette question doit être résolue au double point de vue des besoins commerciaux et des besoins militaires.

Indépendamment de la question de la Mer Intérieure Africaine, le seul point de la côte donnant également satisfaction aux deux nécessités ci-dessus dites, est l'embouchure de l'Oued-Melah.

Point de vue Commercial

Sur la carte de la Tunisie on remarque que les voies de communication sont coupées par un obstacle naturel, le bassin des Chotts, qui s'étend jusqu'au Sud de Biskra sur une longueur de près de 400 kilomètres.

Les deux régions situées au nord et au sud des Chotts ont peu de relations entre elles ; les caravanes descendantes ou montantes, ne passent que rarement à travers ce bassin ; elles cherchent de préférence tel point de la côte le moins éloigné de leur route, et possédant un centre commercial où des échanges peuvent s'effectuer, mais ces centres de peu d'importance, à cause des difficultés que nous avons indiquées ne sont en réalité que des escales; Sousse, Sfax, Skira, Gabès.

Et cependant, on constate, au nord des Chotts, des agglomérations assez considérables: Le Djérid, Gafsa, Feriana, le groupe de Chebika et de Tameghza, les tribus puissantes des Hammemas et des Frechiches.

De même, au sud, on trouve le Hamma, chef-lieu de l'importante tribu des Beni-Zid, l'immense réunion des oasis du Nifzaoua, plus loin le Souf, Tougourt, Ouargla.

Ces grandes et productives agglomérations ne sont réliées entre elles par aucun moyeu de communication facile.

Pour desservir également ces deux régions, le point d'embarquement à choisir doit être sur la médiane du bassin des Chotts : cette ligne aboutit exactement à l'embouchure de l'Oued-Melah.

De plus, la côte qui a généralement des inflexions peu accentuées, se courbe fortement dans l'axe du bassin des Chotts, formant un demi cercle qui entre profondément dans l'intérieur des terres, diminuant ainsi de beaucoup les distances de l'intérieur à la mer.

L'embouchure de l'Oued-Melah est à peu près à la moitié de cette demi circonférence.

Un chemin de fer est projeté, qui ira de Tabessa à Gabès. L'existence de la chaîne de l'Aurès, dont le dernier contrefort est le Djebel Roumana, oblige à faire passer le tracé à l'embouchure de l'Oued-Melah. Cette voie errée amènera au port le trafic de l'immense contrée qu'elle dessert, sur un parcours de plus de 200 kilomètres.

En conséquence, sous le rapport commercial, le point qui s'impose pour l'établissement d'un port sur la côte Sud de la Tunisie, est l'embouchure de l'Oued-Melah.

Point de vue Militaire.

La meilleure ligne de défense de la Tunisie serait le bassin des Chotts, si un port existait à l'Oued-Melah.

Ce bassin est difficile à franchir à des troupes qui ont toujours des convois considérables ; mais les Arabes qui n'ont que peu de bagages, traversent facilement les routes des Chotts, et c'est pourquoi, aussitôt qu'une insurrection éclate en Tunisie, et dès l'apparition des troupes françaises, les Arabes s'enfuient vers la Tripolitaine sans qu'il soit possible de les atteindre.

Le bassin des Chotts n'offre que deux passages en terrain ordinaire : d'une part, le petit massif de Djerid, de quelques kilomètres d'épaisseur, d'autre part, celui qui s'étend de la mer au Chott Fejej, qui a 20 kilomètres de longueur.

En dehors de ces deux passages, les Chotts, dont le sol est mou et bourbeux, ne peuvent être traversés par nos troupes, et pendant la belle saison seulement, par quelques cheminements étroits, tracés depuis long-temps par le pied des chameaux ; en dehors de ces routes peu sûres, il est impossible de s'aventurer dans ces marécages, sous peine de s'y enlizer.

Des caravanes entières ont disparu dans ces parages.

Les chemins tracés dans le Chott Fejej sont peu nombreux : on en compte cinq.

1° Celui qui aboutit au Hamma des Beni-Zid.

2° Celui de Ferratis (ce nom en arabe signifie *teigneux*, ce qui ne donne · pas en lui une grande confiance, bien que ce soit une ancienne voie ro-maine).

3° Celui de Seftimi.

4° Celui qui va de Oum-Semâa à l'Oued-Zitoun.

5° Celui qui conduit de Oum-Semâa à l'Oudian.

Presque toutes ces voies de communication sont défendues par des constructions romaines imposantes ; entre autres, la muraille de l'Oum-Ali qui barre ce défilé, les constructions de Kbilli et celles de Mergueb-ed-Drab qui gardent les puits inépuisables de Bir-Zemnit et de Bir-Sultan.

Les Romains, qui avaient à lutter contre les mêmes ennemis que nous, en ces lieux, ennemis usant de la même tactique, avaient des postes à tous ces passages.

Nous serions conduits à les imiter, sans réussir toutefois à barrer com-plètement la route.

La Mer Intérieure serait, au contraire, une barrière infranchissable, elle fermerait absolument l'ère des révoltes des Arabes.

En attendant la réalisation de l'œuvre à laquelle le Colonel Roudaire avait consacré sa vie, et que vous avez bien voulu patriotiquement adopter, Monsieur le Président, le bassin des Chotts pourrait devenir l'unique ligne de défense, si un port existait à l'embouchure de l'Oued-Melah, c'est-à-dire dans l'axe de ce bassin.

En effet, nos troupes transportées par mer et débarquées à l'Oued-Melah se porteraient rapidement soit au Nord, soit au Sud des Chotts, aux points de passage que nous avons indiqués, peu nombreux, et prendraient ainsi avec rapidité et sureté les insurrections à revers. C'est à ce point, en conséquence, que devront être accumulés les moyens de transport et de ravitaillement des troupes.

Si les Arabes savaient qu'à toute heure une expédition peut partir de l'Oued-Melah pour leur couper la retraite, ils n'oseraient plus, comme ils l'ont fait jusqu'ici, et souvent sans qu'il soit possible de les inquiéter, s'élancer de la Tripolitaine, envoyer leurs Djijs razier les tribus fidèles jusque sous les murs de Sousse. Un établissement militaire à l'Oued-Melah permettrait de diminuer considérablement l'effectif des garnisons du Nord de la Tunisie.

Au point de vue militaire donc comme au point de vue commercial et maritime, l'embouchure de l'Oued-Melah s'impose pour la construction du meilleur port appelé à desservir tout le sud de la Régence.

Avenir du port de l'Oued-Melah.

Le port établi à l'embouchure de l'Oued-Melah concentrera tout d'abord le tonnage actuel des rades qui vont de Sousse à Zarzis, tonnage que l'on peut estimer à 20.000 tonnes.

Le commerce d'exploitation y consiste principalement en sparterie, dattes, alfa, éponges, laines, huiles.

Mais d'ici à peu d'années, la création d'immenses oasis dans la province de Gabès amènera au port un mouvement considérable d'importation et d'exportation.

Les groupes populeux établis plus au loin, qui sont actuellement privés de débouchés, verront leur commerce se développer par suite des facilités d'échange qu'ils rencontreront à l'Oued-Melah.

Le mouvement des navires anglais est déjà très important, dans le bassin méditerranéen ; ces navires apportent des produits manufacturés ou des matières premières en quantités considérables ; rien qu'en charbon, l'Angleterre débarque, par an, plus d'un million de tonnes dans les régions du Sud de l'Italie, du Sud de la Grèce et à la pointe orientale de l'Afrique. Ce trafic s'effectue principalement au moyen de navires à voile de faible tonnage qui, une fois leurs chargements débarqués, cherchent des frêts de retour et n'en trouvent pas facilement, dans ces parages. Ils trouveront au port de l'Oued-Melah, d'immenses approvisionnements de produits spéciaux, tels que mandarines, oranges etc., et surtout des textiles végétaux dont le placement en Angleterre est constamment assuré. Cette facilité d'exportation fera nécessairement naître diverses industries locales ; l'Alfa, par exemple, pourra être transformé en produits ouvrés dont la vente sera certaine en Angleterre, à Marseille surtout.

L'estimation des rendements du port n'entrera cependant pas dans nos calculs productifs. Ce rendement nous ne le considérons que comme une plus-value venant accroître nos recettes. Nous ne compterons ici, que sur les revenus de nos oasis ; le port n'étant, pour le moment, dans nos prévisions, qu'un moyen d'écoulement des produits de nos oasis et du commerce de la contrée.

Frais de construction du port.

Les frais de construction du port établis avec le plus grand soin, ne dépasseront pas 5.500.000 francs y compris l'établissement du Chemin de fer du Coudiat Hameïmet. Les carrières du Coudiat Hameïmet nous permettront d'amener aux chantiers des matériaux de premier ordre, sorte de marbres très durs et très compactes, ayant subi un haut métamorphisme (1).

Les travaux du port comprendront :

1° Une jetée en pierres d'une longueur de 1,400 mètres, allant jusqu'à la courbe 7 au-dessous de la marée basse (la marée est de 2 mètres environ dans le golfe de Gabès).

Cette jetée sera légèrement inclinée vers le Sud-Est, inclinaison calculée de façon à ce que les navires puissent entrer facilement dans le port par les vents défavorables, ceux du Nord-Est.

La jetée sera faite comme celles des principaux ports de la Méditerranée, en enrochements naturels, recouverte du côté du large par des blocs artificiels ; elle offrira toutes les garanties possibles de solidité et de durée.

2° Un épi de 400 mètres de longueur du côté du Sud pour protéger des vents du Sud-Est qui sont d'ailleurs peu intenses ;

---

(1) L'analyse de ces calcaires donne :

Chaux	55.72
Acide carbonique	43.78
Alumine	0.30
Manganèse et fer	traces
	99.80

3° Creusement à la drague d'un chenal de 50 mètres de largeur au plafond et de 7 mètres de profondeur à marée basse, qui aboutira au port. Dans l'axe même de l'embouchure de l'Oued Melah, il existe un chenal naturel, ce qui diminuera l'importance des dragages à exécuter;

4° Le port, creusé à l'embouchure de l'Oued Melah, aura d'abord une superficie de 50,000 mètres carrés, avec une estacade de 250 mètres de long.

Les navires pourront donc y évoluer facilement.

Le sol y est uniquement composé de sables et d'argiles faciles à désagréger, dont l'enlèvement à la drague sera peu couteux.

Il sera facile d'agrandir le port au fur et à mesure des besoins du commerce, au moyen de dragages.

II. — OASIS

1° Description de l'Oasis ; son exploitation actuelle.

Un oasis est cet assemblage de jardins et de cultures que l'on rencontre dans le Sahara.

Ce n'est qu'à partir de la latitude qui longe le pied de l'Aurès, c'est-à-dire entre le 34me et le 35me degré, que commence la région des oasis où croit le palmier-dattier dont elles se composent indispensablement.

La tête du palmier s'élève à 15 et même 17 mètres ; elle s'épanouit en un large bouquet qui forme une voûte impénétrable aux rayons solaires, et sous laquelle l'air circule facilement. C'est seulement à l'ombre des palmiers que se développent ces végétations puissantes dont on a fait tant de poétiques descriptions, et dont rien, en effet, dans notre Europe, ne peut donner une idée. Ce sont de véritables forêts de citronniers, d'orangers et d'oliviers ; des grenadiers, des abricotiers, des pêchers, dont la grosseur a des proportions inconnues dans nos climats ; d'énormes ceps de vigne qui forment entre les arbres d'épais berceaux ; des figuiers aux troncs puissants.

Au ras du sol s'étend la culture maraîchère et fourragère : oignons, carottes, navets, etc. Dans les intervalles qui séparent les jardins, croissent les luzernes et les céréales.

Dans une oasis, il y a donc trois étages de culture.

Le palmier fournit la datte. Ce fruit précieux dont les habitants du désert se nourrissent presque exclusivement, est un aliment peu utilisé encore en Europe, quoiqu'il ait des qualités nutritives de premier ordre. Les bonnes dattes sont vendues en régime et exportées ; celles de qualité inférieure sont pressées, en forme de tourteau, et se consomment sur place.

La tête du palmier fournit une boisson sucrée, agréable au goût (le *lakmi*), qui devient très alcoolique par la fermentation.

La feuille du palmier sert à fabriquer des *couffins*, paniers destinés soit à des usages domestiques, soit à emballer les divers produits des oasis.

Le tronc de cet arbre sert à la construction des maisons indigènes.

Avec les filaments contenus dans le pédoncule de la feuille, on fabrique des cordages excessivement résistants.

Le palmier étant dioïque, tous ne produisent pas. Les palmiers *mâles* ont des fleurs garnies seulement d'étamines formant une grappe renfermée, avant la maturation du pollen, dans une enveloppe nommée *spathe*. Les palmiers *femelles* portent des régimes de fruits également enfermés dans un spathe, mais qui ne mûrissent pas si le pollen, ou poussière des étamines, ne les a pas fécondés.

Pour assurer cette fécondation, les Arabes, au mois d'avril, époque de la floraison, montent sur chaque arbre femelle et insinuent dans le spathe femelle un brin chargé de fleurs mâles dont les étamines fécondent les jeunes ovaires ; les régimes se développent alors, et ils atteignent un poids qui varie entre 20 et 30 kilogrames.

Pour donner une idée de ce qu'est actuellement une oasis, prenons le groupe de trois oasis du Djerid, qui forme la province Ouest de la Tunisie, et que l'on nomme Nefta, Touzeur et El Oudian.

Ces trois oasis, dont les superficies réunies donnent environ 5,000 hectares, et qui comptent 30,000 habitants, sont situées sur la petite langue de terre qui sépare le Chott Rharsa du Chott Djerid, placés sur le flanc Sud qui borde ce dernier Chott.

Ces oasis sont plantées en plein chott, ce qui prouve que les terrains salés sont les plus favorables à la culture, lorsqu'ils sont lavés par de l'eau douce.

Ce groupe contient 758,038 palmiers se décomposant ainsi :

Deglat-en-nour (espèce fine)	46.083
Autres espèces	701.955
On y compte, en outre,	25.459 oliviers

Chaque palmier Deglat-en-nour produit de 25 à 30 kilog. de dattes.

Les autres espèces donnent chacun de 20 à 25 kilog. de fruits.

Le produit d'un seul Deglat-en-nour se vend de 12 à 14 fr.
Les autres espèces, chacun, — de 8 à 10 fr.

A El Oudian on cultive surtout les orangers et les citronniers.

Mais en dehors du commerce des dattes, les autres cultures ne donnent lieu à aucune exploitation industrielle ; les Arabes ignorent la culture des arbres à fruits, les laissent croître à l'état sauvage, et n'en tirent aucun parti.

Là, comme ailleurs, les oasis ne sont exploitées que par les Arabes.

Sauf la datte, les autres produits sont consommés sur place, servant exclusivement à la nourriture des habitants et à celle de leurs animaux.

Le grand obstacle au développement des oasis est la difficulté des moyens de communication, l'éloignement des côtes ; presque toutes les grandes oasis sont situées en plein Sahara.

Autour des oasis, c'est immédiatement le désert, les produits ne peuvent être transportés qu'au loin, dans les endroits peuplés.

Cette remarque s'applique principalement aux oasis de Biskra, Tougourt, Oued-Souf, Gafsa, le Djirid, etc.

L'oasis de Gabès étant située sur le bord de la mer est dans des con·ditions particulièrement favorables ; même sans port, elle aurait du acquérir un magnifique développement commercial. Cependant, cette situation exceptionnelle n'a pas pu triompher de la routine native et obstinée des Arabes, qui sont les uniques possesseurs de cette oasis, et elle n'a pas atteint, il s'en faut de beaucoup, son degré de prospérité possible. Cependant, elle a, telle quelle est, une valeur intrinsèque considérable.

Projet d'oasis européenne.

Quel parti ne pourrait·on pas tirer de ces éléments incomparables, en y appliquant la méthode et la science de nos grandes exploitations agricoles ?

Dans le nord de notre colonie Africaine, on a obtenu des résultats de culture tout à fait remarquables, bien que les années de sécheresse y soient fréquentes, et que, ces années-là, les récoltes ne donnent presque rien ! Or, il n'y a pas sécheresse à redouter dans une oasis.

La présence des palmiers prouve toujours l'existence de sources puissantes, dont les eaux, recueillies et distribuées par de nombreux canaux, réparties d'une façon égale dans les jardins, y entretiennent la fraîcheur, et, par conséquent, une fertilité constante.

L'évaporation, qui est si considérable dans ces régions brûlantes, est amoindrie dans les oasis par l'écran protecteur des palmiers ; une humidité fécondante y active la croissance des végétaux, y entretient la verdeur des plantations.

Partout où nous pourrons capter des sources abondantes dans le périmètre des terrains accordés par le décret du Bey de Tunis, nous créerons des oasis, où ne seront cultivées que les plantes y poussant naturellement, mais en appliquant à cette culture tous les procédés de la science agricole moderne. Nous formerons ainsi des champs d'exploitation dont nous serons certains d'écouler régulièrement les produits, grâce au port de l'Oued-Melah.

Nous dirons plus loin les bénéfices qui résulteront de ces exploitations.

Certitude de trouver de l'eau dans les forages (Note de M. Dru).

Lors de l'expédition du Colonel Roudaire, en 1879, on examina les conditions géologiques des terrains des Chotts et une étude attentive fut faite des nappes d'eau qui circulent à différentes hauteurs dans le sous-sol. Ces études étaient d'autant plus utiles qu'elles avaient pour objet non-seulement de déterminer la résistance des terrains que l'on aurait à traverser pour creuser le futur canal de jonction des Chotts à la mer, mais aussi de faire connaître les régions qui seraient fertilisées à l'aide des sources que l'on pourrait rencontrer.

Le rapport publié en 1881 exposait d'une manière générale les espérances que l'on avait conçues. On lisait à la page 34 : « La nature a réservé » une compensation aux habitants de ces immenses solitudes dépourvues » de la végétation qui enrichit toujours les contrées douées d'un climat » humide ; le sol recèle dans sa masse profonde des niveaux puissants qui » pourront un jour, grâce aux efforts de l'homme, répandre sur ce pays le » bien-être et la prospérité. Quand la colonisation cherchera à cultiver cette » terre, elle y trouvera, comme en Algérie, l'élément indispensable à la » culture, l'eau jaillira des formations géologiques qui entourent les Chotts » pour fertiliser les solitudes de l'Erg et les versants abandonnés qui bor- » dent la dépression saharienne. »

En 1883, une nouvelle expédition fut organisée, qui, dirigée par M. Ferdinand de Lesseps et le Colonel Roudaire, renouvelait les premières études hydrologiques et géologiques des rives Sud des bassins des Chotts. Les premières indications furent confirmées par ces nouvelles recherches ; on constata l'importance et l'abondance des sources qui émergent des pentes du Djebel Tebaga et de la région du seuil de Kriz. L'existence souterraine de nappes considérables circulant dans les masses minérales du pays étaient désormais incontestables.

C'est après ce nouvel examen, appuyé de renseignements et de remarques controlés, que l'exécution d'un sondage artésien fut décidée près de l'Oued-Melah, en vue d'y tenter un premier essai de colonisation.

Le 20 mai 1885, à 90 mètres de profondeur, une nappe d'eau d'une puissance considérable jaillissait au-dessus du sol, donnant le volume énorme de 8.000 litres par minute.

Ce résultat, le premier obtenu en Tunisie, était la juste récompense d'efforts poursuivis avec persévérance et ouvrait à la colonie projetée un vaste champ d'exploitation.

On peut donc affirmer aujourd'hui la réussite de puits jaillissant dans ces parages ; il ne reste qu'à indiquer avec soin les parties du territoire où ils peuvent être creusés.

Plans de cultures indiqués par M. Charles Rivière, Directeur du Jardin d'essai d'Alger.

D'après le plan de M. Charles Rivière, il ne serait fait dans les oasis projetées, que des cultures d'un écoulement certain, dont la vente ne saurait être interrompue.

Il a choisi comme *unité de culture*, une superficie de 100 hectares. La division des Cultures diverses sur cette unité se répartira de la même façon sur les autres unités.

Les cultures projetées, dont nous allons résumer rapidement l'utilité, se divisent en 2 groupes, 1° cultures principales, 2° cultures intercalaires.

Cultures principales.

1° Essences forestières sur 15 hectares.

Il n'est pas nécessaire d'insister sur l'utilité d'une plantation en essences forestières dans un pays actuellement dénué de tout arbre, 15 hectares de forestiers produiront 12,000 arbres qui, dans ces contrées, acquéreront rapidement une grande valeur.

2° Vignes : 30 hectares.

On sait que la plantation de la vigne a donné lieu en Algérie et en Tunisie à des essais nombreux et très productifs ; il n'en a pas été tenté encore dans les oasis, il n'y aurait cependant pas à craindre la sécheresse qui est pour la vigne un aléa considérable.

2

3° Maïs : 2 hectares.

Le commerce du maïs prend tous les jours une grande extension, tant pour la nourriture des hommes que pour l'élevage du bétail.

4° Amandiers : 1 hectare.

5° Orangers
6° Citronniers. *12 hectares.*
7° Oliviers

L'écoulement assuré de ces produits est indiscutable ; le commerce des amandes, des oranges, et des citrons augmente continuellement dans le bassin méditerranéen : Malte et le Sud de l'Espagne sont les principaux points d'exportation, le port de Oued-Mellah prendra tout de suite une place importante dans le trafic d'exportation pour ces produits en Europe.

8° Dattiers : 40 hectares.

L'exploitation des dattiers sera la base du revenu de l'Oasis.

Ces 8 groupes couvriront 100 hectares.

Sous ces cultures principales, s'étendront les cultures intercalaires.

Cultures intercalaires.

Ces cultures se composeront de plantes bien connues, tel que le Bananier, les luzernes, les patates, le coton, les cultures fourragères et maraichères, le sorgho, le maïs en vert, les cannes à sucre, (ces trois derniers produits donnent des tiges vertes qui servent à l'alimentation du bétail) et, enfin les céréales.

Nous n'avons pas compris, dans cette nomenclature des cultures projetées, une des plantes que nous considérons comme une des plus importantes mais qui n'a pas encore été jusqu'ici l'objet d'une grande exploitation : la Ramie.

Cette plante ne peut être cultivée fructueusement que dans l'oasis, car elle exige beaucoup d'eau.

On peut dire que depuis que la Ramie est connue, c'est-à-dire depuis quinze ans, toutes les grandes filatures de l'Europe attendent ce textile qu'on ne trouve qu'en petite quantité en Chine et aux Indes.

Nous avons eu l'occasion de voir dernièrement un des grands industriels du Nord qui offre de prendre toute la production de plusieurs centaines d'hectares de Ramie.

Il y a du reste un marché de ce textile à Londres et à Anvers ; la vente n'y est arrêtée que par l'absence d'offre.

Durée de la mise en culture.

Les calculs et devis, ainsi qu'on peut le voir aux pièces justificatives annexées à ce rapport, ont été établis sur la mise en culture de 10,000 hectares, chiffre des concessions beylicales. Cette surface pourra être complètement défrichée et ensemencée en 5 ans.

La somme à dépenser pour cette partie du projet ne dépasse pas 8,000,000 de francs.

Assurance du capital.

Comme on le verra plus loin, le capital à prévoir pour l'exécution des diverses parties du projet étant de 15,000,000 de francs, toute la dépense sera garantie, au bout de 10 ans, par la seule valeur en *bois* des forêts existant dans les oasis.

En effet, nous posséderions en arbres de diverses essences les quantités suivantes :

Forestiers	1,200,000 pieds
Amandiers, Orangers, etc.	306,000 —
Dattiers	800,000 —

Soit 2,306,000 pieds d'arbres, lesquels, rien que comme *valeur en bois*, sans tenir aucun compte de la valeur industrielle des arbres, à une somme minime de 10 francs par arbre, représenteraient 23 millions de francs.

C'est l'assurance du capital engagé.

On trouvera aux pièces justificatives tous les éléments des calculs qu ont servi de base à l'estimation des rendements des oasis.

III. CULTURES OU INDUSTRIES

Autrucheries.

La domestication de l'autruche en Algérie avait un instant préoccupé le Gouvernement français, mais la lenteur et le peu de résultats des quelques essais tentés ne permettent pas de donner à cette question une solution pratique.

En 1868, les nouvelles expérimentations de M. Ch. Rivière au Jardin d'Alger laissèrent entrevoir la possibilité de reproduire facilement l'Autruche et d'en obtenir annuellement un rendement en plumes constituant une opération lucrative. En même temps que la couvaison naturelle était obtenue, des tentatives d'incubation artificielle étaient faites à l'aide d'un petit appareil qui fut l'origine des grandes couveuses perfectionnées maintenant en usage.

Malgré les succès obtenus, l'idée d'installer de grandes autrucheries productives ne se propagea pas ; ces études ne furent considérées que comme curieuses et intéressantes par les colons Français, tandis que les Anglais, qui commencèrent à se préoccuper, au Cap, de la même question, n'acueillaient pas avec indifférence ces nouvelles données sur la domestication pratique de l'autruche. Ils se firent renseigner, étudièrent même sur place les moyens employés par nous, prirent pour base la petite couveuse du Hamma, et, en 1873, à l'Exposition de Vienne, on put voir, non sans surprise, la couveuse Douglas construite pour faire éclore un grand nombre d'œufs. On put admirer aussi des paquets de plumes provenant des autruches élevées en captivité, et l'on apprit que les éducations commencées avec une quinzaine de têtes seulement s'élevaient déjà à plusieurs milliers de têtes.

La question ne fit cependant pas encore un seul progrès en Algérie ; le succès obtenu ne parut même pas intéresser l'industrie plumassière en France.

En 1878, à l'Exposition universelle de Paris — révélation tardive — les plumassiers furent étonnés de la quantité et de la qualité des plumes exposées par le Cap, en même temps que des arrivages de Londres sur Paris.

En peu de temps, le marché fut déplacé ; Londres prit le monopole du commerce de la plume dont Paris était autrefois le centre. Les négociants français s'approvisionnent maintenant à Londres où ils font plusieurs voyages par an dans ce but. Des commissionnaires anglais venaient même chez nous placer leur marchandise nationale. En un mot, notre industrie *parisienne* de la plume d'autruche est devenue absolument tributaire des Anglais.

Le fait peut s'expliquer en peu de mots. La production du Cap se traduit annuellement par les recettes normales, régulières, d'une valeur de *35 millions* d'une marchandise connue et classée, et qui n'est plus soumise. comme date de livraison, aux hasards de l'arrivée des caravanes.

Depuis, quelques négociants de Paris ont essayé des élevages en Algérie, mais dans des conditions défavorables. On a reconnu que le climat du *littoral* était un obstacle à la bonne reproduction de l'autruche ; que la place était trop restreinte et le sol mauvais pour la bonne conservation du plumage.

Dans les excellentes conditions climatériques qui se trouvent réunies dans la région des Chotts, — *autrefois pays d'existence et de parcours naturel des autruches,* — on peut constituer facilement une de ces importantes fermes autruchières qui font la fortune du Cap. Il y a l'espace, un sol arenacé et gypseux, de l'eau douce et des éléments divers de nourriture, complétés par le voisinage de nos futures grandes exploitations agricoles. Dans une telle situation, on élèvera aisément la belle race de Barbarie, actuellement la première, race rustique, vigoureuse, à femelles pondant en moyenne 40 œufs, couvant naturellement, à mâles se couvrant de magnifiques plumes d'ailes blanches et frisées, et de plumes noires de corps d'une grande valeur industrielle.

Malgré la baisse momentanée amenée sur le marché par l'énorme production du Cap, il y a place, aux portes de l'Europe et aux portes de la France, pour une grande exploitation spéciale, parce que l'autruche du Cap est d'une race inférieure, tandis que celle dite « *Barbarie* » est classée *première*, et qu'entre les deux produits, il y a un classement reconnu de 1 à 5.

Les frais généraux qui grèvent une paire d'autruches sont de 150 fr. par an ; le revenu brut en plumes est de 325 francs, et il faut compter. en sus, la valeur des œufs et des autruchons dont la constante production doit constituer seule, et progressivement, la base du capital important.

En présence des résultats obtenus au Cap dans une courte période de dix années, l'avenir d'une exploitation autruchière dans le bassin des Chotts, un des seuls points géographiques qui s'imposent théoriquement, ne saurait être incertain.

2° Textiles.

Il n'y a pas un siècle, le lin et le chanvre étaient les seules fibres végétales employées en Europe. Quand le coton américain fit son apparition sur le marché anglais, il y causa presque une panique. Les industriels et commerçants en lin et en chanvre virent dans le coton un concurrent qui allait, prenant la place du lin et du chanvre, les ruiner.

L'introduction du coton en France a été, aussi, lente et difficile. Mais les besoins croissants et multiples de la consommation, rendirent l'usage du coton universel.

L'Europe produit et consomme annuellement une moyenne de 360 millions de kilogrammes de chanvre et 480 millions de kilogrammes de lin. En outre, pour alimenter ses filatures, elle a absorbé en 1883, 6.780.000 balles de coton, soit environ 1.356 millions de kilogrammes.

Malgré l'immense approvisionnement fourni par ces textiles, l'industrie est à la recherche de textiles nouveaux, non pour supplanter ceux que nous employons déjà ; mais pour en trouver de mieux appropriés à certains besoins. La disette de chanvre causée par la guerre de Crimée nous fit connaître et adopter l'Abaca ou chanvre de manille et le Hennequen ou chanvre de Sisal. pour la fabrication des cables et cordes, comme la guerre d'Amérique, dite de Sécession, fit mettre à l'étude l'emploi de plusieurs nouveaux textiles. C'est de cette époque que datent en France, les premiers essais de filature de la Ramie.

Aujourd'hui, plusieurs textiles nouveaux sont acquis à l'industrie. Voici les chiffres de la consommation moyenne annuelle de quelques uns de ces textiles pour l'Europe et les Etats-Unis d'Amérique :

Provenances	Désignation	Quantités	Prix	Sommes
Indes	Jute	248.600.000 k^{os}	0 fr. 40	97.000.000 fr.
Manille	Bananier	50.000.000	0 80	40.000.000
Jucatan	Agave	28.000.000	0 50	14.000.000
Indes	Sunn Hemp	20.000.000	0 50	10.000.000
Chine	Phormium Tenax	1.000.000	0 50	500.000
	Totaux	347.000.000 k^{os}		161.000.000 fr.

Les Sansivieras non cités donnent une fibre qui n'est pas inférieure à celle de la manille.

Nous ne parlerons que pour mémoire de la fibre de la noix de coco pour la confection des tapis rudes et celle de l'Istle de Tampico et du Rassaba pour la brosserie, etc., etc ..

Or, ne produisant aucun des textiles cités ci-dessus, nous sommes les tributaires de l'étranger pour nos approvisionnements. — Nous ne produisons pas même, en France, assez de lin et de chanvre pour notre propre consommation. — L'année dernière, en 1884, nous avons acheté 15,019,000 francs de chanvre et 60,554,000 fr. de lin. Nous ne devons donc pas craindre d'exploiter dans nos colonies les plantes textiles, puisque le placement de ces matières premières nous est assuré chez nous.

Il sera utile, en conséquence, de faire, dans notre colonie, des tentatives sérieuses d'exploitation de textiles. Plusieurs de ceux indiqués plus haut n'exigent aucune irrigation, tout en donnant des rendements importants.

IV· — TERRAINS

Bien qu'on le verra plus loin, nous proposons de ne .pas se contenter de mettre seulement 10,000 hectares en culture. Après le premier établissement c'est-à-dire après 5 ans, des prélèvements relativement peu importants sur les bénéfices des années suivantes, permettront de mettre 10.000 autres hectares en exploitation : tous les 5 ans, on pourra répéter la même opération, et ce, tant que l'on trouvera de l'eau ; de là, cette utilité au point de vue du développement de notre Colonie, de l'exploitation des textiles dans les hectares non irrigués du parquetage des autruches et des plus values qui en résulteront successivement pour les terrains avoisinants, d'en acquérir dès à présent pendant que leur valeur est insignifiante.

Une grande quantité de ces terrains d'avenir se trouvent précisément là où les nappes artésiennes paraissent devoir jaillir le plus facilement.

Les terrains beylicaux étant de peu d'étendue dans cette région, notamment aux alentours des oasis déjà existantes, il sera donc indispensable d'acheter tous les terrains disponibles appartenant à des particuliers, qui seront compris entre les terrains beylicaux, de façon à ce que nos possessions soient d'un seul tenant ; par là, nous éviterons toute concurrence.

Tant pour les achats de terrains que pour l'installation des autrucheries, la culture des textiles de toute nature et aussi pour l'établissement de diverses industries au sujet desquelles on nous a déjà adressé plusieurs propositions, nous réserverons une somme de 1.500.000 francs.

V. — CAPITAL

Récapitulons maintenant le capital à employer, conformément aux indications ci-dessus :

1° Port de l'Oued-Melah et chemin de fer du Coudiat-Hameïmet. 5.500.000
2° Oasis. 8.000.000
3° Autres industries ou cultures et achats de terrain . . 1.500.000
____
15.000.000

VI — RENDEMENTS

Nous ne porterons que pour *mémoire* les rendements divers du port, le produit des industries et cultures, autres que celles des oasis, la plus value des terrains etc. etc.

Nous ne compterons ici que sur les revenus des oasis, en considérant, les bénéfices des autres branches d'exploitation comme des éléments ne pouvant qu'augmenter les résultats lucratifs de notre opération principale.

Ces rendements d'oasis dont on trouvera tout le détail aux pièces annexées ont été établis par M. Charles Rivière.

Si l'on peut inaugurer le travail agricole au printemps de 1887, ce travail sera complètement terminé, pour les 10.000 premiers hectares, en 1891, soit cinq ans environ.

Pendant le cours de ces cinq années, les oasis donneront déjà des rendements, mais ces rendements, seront ajoutés aux huit millions de première mise de fonds, pour arriver à la somme totale nécessaire à l'achèvement des dépenses de mise en exploitation complète, le capital ne recevra donc aucun revenu pendant ces cinq premières années.

A partir de la sixième année, c'est-à-dire en 1892, le RENDEMENT NET DE L'HECTARE s'établira ainsi :

	Rendement brut	Frais divers	Rendement net
1892	1302	450	852
1893	1582	450	1132
1894	1861	450	1411
1895	2020	450	1570
1896	2022	450	1572

En conséquence, le rendement de la colonie s'obtiendra en multipliant les chiffres ci-dessus par le nombre d'hectares cultivés ; du reste, ce calcul a été fait aux pièces justificatives.

VII. RÉSUMÉ ET CONCLUSION

De ce qu'il a été développé dans ce Rapport, appuyé des pièces justificatives ci-après annexées, il résulte, qu'avec un capital de 15,000,000 de francs, on aura construit un port de grand avenir, créé 10,000 hectares d'oasis, mis en culture plusieurs milliers d'hectares plantés de textiles, végétaux très demandés par les industriels européens et que l'on va chercher aux colonies les plus lointaines, formé des cheptels d'autruches du Sahara dont la plume abondante fera une concurrence d'autant plus victorieuse à celle du Cap que celle-ci lui sera très inférieure comme qualité.

Et, une telle œuvre, extraordinaire par les résultats qu'on est sûr d'obtenir, n'aura demandé que cinq années pour être complètement exécutée. C'est après cette période d'établissement que les bénéfices pourront être distribués aux fondateurs.

Là, cependant, ne devront pas se borner nos efforts.

Au moyen de prélèvements relativement faibles sur les bénéfices de la sixième année, nous devons constituer un nouvel établissement agricole de 10,000 hectares.

Et cinq ans après, de même, organiser une autre exploitation semblable.

Il appartiendra aux fondateurs de décider jusqu'à quel point ils voudront étendre leur champ colonial, car nous pensons que, jusqu'au moment où les résultats de la première organisation seront acquis définitivement, il conviendra de rester dans les limites de ce rapport.

Notre œuvre, telle qu'elle vient d'être exposée, ne sera, pour ainsi dire, que le recommencement des admirables exploitations agricoles des Romains autrefois si prospères dans cette contrée même. La province romaine, unique, que formait le bassin des Chotts, était au temps de Rome, un exemple de productions presque fabuleuses. Aussi les Romains avaient ils couvert cette contrée (la Bysacène) de villes et de fermes dont il reste des ruines considérables, partout

Et cependant ces intelligents agriculteurs n'avaient, comme ressources, que l'eau du ciel, plus abondante alors, il est vrai, qu'elle ne l'est actuellement, parce que les Chotts, à cette époque, étaient encore remplis d'eau et que les montagnes étaient encore couvertes de forêts. Mais ils ignoraient l'existence, dans cette région de nappes souterraines qui paraissent être d'une abondance de débit prodigieuse.

Ce que les Romains ont pu faire péniblement, au moyen de barrages, de travaux d'aménagement qui font encore l'étonnement de nos générations modernes, nous l'obtiendrons, nous, avec une extrême facilité, avec nos forages artésiens.

Et nous pourrons, peu à peu avec nos propres ressources, agrandir nos possessions agricoles, lesquelles prendront successivement une valeur immense et, parallèlement pour ainsi dire, peu à peu, avec une seule partie des bénéfices de l'œuvre première, creuser le canal qui, plus tard ira remplir à nouveau les Chotts maintenant desséchés, et ramener dans ces contrées jadis si riches, maintenant désertées, et réaliser ainsi dans un temps donné, l'idée de mon cher camarade Roudaire dont vous avez été le protecteur inspiré et dont je n'aspire à être, Monsieur le Président, que le modeste ouvrier.

Comme suite aux considérations qui précèdent, et en vue de réaliser les projets exposés, — il suffira de créer 3,000 parts d'intérêt, chacune de 5.000 francs, donnant le capital de 15 millions de francs.

Il est désirable, nous semble-t-il, Monsieur le Président, que les résultats déjà donnés et nos vues d'un proche avenir soient seulement exposés à nos premiers fondateurs réunis dans ce but. Il ne s'agit pas, en effet, de la formation de la Société pour la création de la Mer Intérieure Africaine, mais de celle d'une Compagnie destinée à organiser une œuvre spéciale, — construction d'un port, création d'une ville, mise en valeurs de terrains, exploitation d'oasis et de champs agricoles favorisés par des puits artésiens — œuvre qui doit rester la chose d'un groupe composé des amis et des collaborateurs même de M. Ferdinand de Lesseps. Et il vous paraîtra juste, Monsieur le Président, que les nouvelles parts soient d'abord tenues à la disposition de vos premiers fondateurs, ou de leurs amis, par leur intermédiaire.

Le contrôle devra s'exercer simplement par les fondateurs eux-mêmes que vous réunirez dans ce but. L'état des dépenses effectuées et des résultats obtenus, leur seront soumis. Ils pourront nommer une délégation, formée de plusieurs d'entre eux, qui se rendrait au besoin sur le terrain d'exploitation, et en examinera les conditions. Ce contrôle régulier des intéressés eux-mêmes sera certainement le plus efficace. Chaque fondateur, pour ainsi dire, y participera individuellement.

La Compagnie nouvelle serait créée au capital de 16.500.000 francs, composés de 300 parts d'intérêt entièrement privilégiées, représentant l'apport des fondateurs et de 3.000 parts nouvelles.

Les versements des Parts souscrites s'effectueraient ainsi :

<pre>
En souscrivant . . . .   1.250 francs.
Du 1er au 31 janvier 1887 . . .   750   —
Du 1er au 31 juillet 1887. . . . 1.000   —
Du 1er au 31 janvier 1888 . . .   1.000   —
Du 1er au 31 juillet 1888. . . . 1.000   —
                                  ─────────
            Total. . . . .   5.000 francs.
</pre>

En terminant ce rapport, il est de mon devoir, Monsieur le Président, de vous signaler ainsi qu'à tous nos intéressés, le concours efficace et dévoué que M. Baronnet n'a cessé de m'apporter depuis que vous m'avez confié la direction de l'œuvre et particulièrement pour l'établissement du projet que j'ai l'honneur de vous soumettre.

PIÈCES ANNEXES ET JUSTIFICATIVES

AU

RAPPORT DE M. LE COMMANDANT LANDAS

SOMMAIRE

ANNEXE N° i AU RAPPORT DE M. LE COM^T LANDAS

DIVISION DE CULTURE
PAR M. CHARLES RIVIÈRE
DIRECTEUR DU JARDIN D'ESSAI D'ALGER

Division de culture sur 100 hectares :
frais de mise en culture, et rendements bruts de chaque culture
par M. Charles RIVIÈRE, directeur du jardin d'essai d'Alger.

Essences forestières	15	hectares
Vignes	30	—
Maïs	2	—
Oliviers, Caroubiers	5	—
Amandiers	1	—
Orangers, Citronniers, Mandariniers, Cèdratiers	7	—
Dattiers	40	—
Total	100	hectares

Cultures ombragées ou intercalaires sous les 53 hectares
du groupe des oliviers, orangers, amandiers et dattiers.

Bananiers	1/2	hectare.
Luzernes	10	—
Patates	5	—
Cotons	8	—
Ramie	10	—
Cultures fouragères	5	—
Cultures maraîchères	3	—
Sorgho et maïs en vert	1	—
Canne à sucre	1/2	—
Céréales	10	—
Total	53	hectares.

Essences forestières sur 15 hectares.

On peut estimer à 15 hectares, la surface recouverte par les arborescents, qu'ils soient plantés en lignes simples ou doubles, en massifs, ou isolés, servant comme brise-vents, abris, bordures de routes, etc., etc.

Les principales espèces désignées, sont : les Eucalyptus divers, Casuarinas, Cyprès horizontaux et pyramidaux, Gleditschia, Grevillea, Melia Azedarach, etc., etc.

DÉPENSES. — Les travaux consistent en :

Défonçage simple, labours croisés, hersage, 140 francs par hectare : soit pour 15 hectares . . . . 2.100 fr.

Plants nécessaires à l'hectare : 1.300 à 30 francs le cent; soit 390 francs : et pour 15 hectares. 5.850

Plantation des 1.300 plants : 15 hectares à 25 francs l'un 375

Deux binages la première année à 15 francs l'un soit 30 francs; et pour 15 hectares 450

Soins et entretien à partir de la deuxième année : 50 francs par an : pour 15 hectares : 750 francs. Pour 4 années 3.000

Total des dépenses jusqu'à l'époque du rendement. . . 11.775 fr.

RENDEMENT. — Le bois de ces arbres pourra être employé en partie à partir de la cinquième année. Sur chaque hectare, il sera possible de prélever, dès cette époque, environ 500 arbres : ces arbres pourront avoir notamment, les Eucalyptus et les Casuarina, les dimensions de petits poteaux télégraphiques qui sont vendus habituellement 3 francs pièce, mais qui auraient, dans la région et surtout pour les besoins de l'exploitation, une valeur bien supérieure.

Résumé.

DÉPENSES. — Ces quinze hectares de bois auront nécessité, jusqu'à la cinquième année, une dépense pour tous les frais de défonçage, labours, hersage, binages, soins divers et achats de plants, une somme de . . . . 11.775 fr.

Ces 11.775 francs se décomposent en 8.775 francs de frais de mise en culture pour 15 hectares : soit 585 francs par hectare, et de 3.000 francs d'entretien pendant 4 ans : soit 50 francs par hectare.

RENDEMENT. — Le rendement d'un hectare étant, à la cinquième année, de 500 arbres. Les 7.700 arbres, prélevés sur les 15 hectares, produiront 22.100 fr.

Chaque arbre, à sa dixième année, aura une valeur de 10 francs, et lorsque l'arbre aura quinze ans, sa valeur sera de 15 francs.

Vignes sur 30 hectares.

Défonçage profond et croisé, labours croisés et hersage, travaux faits à l'aide de machines agricoles.

Un hectare exigeant 180 francs de dépenses : les 30 hectares, coûteront   5.400 fr.

Achat de 3.000 sarments de choix par hectare à 18 francs le mille :
pour 30 hectares . . . .   1.620 fr.

Plantation par hectare 25 francs : pour 30 hectares   750

Frais de première année, trois binages à 15 francs, trois rechaussages à
10 francs : soit 75 francs, et pour 30 hectares. 2.250

DEUXIÈME ANNÉE. — Taille : 20 francs; labours et hersages : 100 francs; trois
binages : 45 francs; trois rechaussages : 30 francs. Pour tous ces
travaux : 195 francs par hectare : pour 30 hectares 5.850

TROISIÈME ANNÉE. — Même frais et travaux que pour la précédente, soit
195 francs : pour 30 hectares. 5.850

                   Totaux des trois premières années. . . . . .   21.720 fr.

Jusqu'à la quatrième année, l'hectare coûtera 724 francs de cultures.

A partir de cette époque, la production peut être évaluée à 70 hectolitres de vin.

Ces 70 hectolitres estimés au bas prix de 25 francs l'hectolitre, donneront par hectare : 1.750 francs et pour les 30 hectares . . . . .   52.500 fr.

QUATRIÈME ANNÉE ET SUIVANTES. — Dépenses annuelles : 225 francs.
manipulation : 50 francs, soit 225 francs.

Les frais de matériel vinaire (construction de caves, achats de foudres,
de fûts, etc., etc.), sont estimés à part dans les dépenses de premier établissement, sous la rubrique : « Frais de matériel vinaire. »

Résumé.

DÉPENSES. — Ces 30 hectares auront nécessité, jusqu'à la quatrième année,
une dépense pour tous les frais de défonçage, labours, hersages, binages, achats de sarments et soins diverses, une somme de . . . .   21.720 fr.

Soit par hectare : 724 francs : comprenant 334 francs de mise en cul-
tnre et 195 francs d'entretien pendant 2 ans.

RENDEMENT. — A partir de la quatrième année, l'hectare rapportera 70 hectolitres de vin qui, estimés à la faible valeur de 25 francs par hectolitre,
donneront par hectare, un produit de 1.750 francs, et pour 30 hectares   52.500 fr.

A titre d'expropriation, un hectare de vigne est estimé à 4.500 francs
en Algérie.

Maïs pour le grain : 2 hectares.

Un sol bien travaillé par, labours croisés, hersages croisés et forte
fumure : tels sont les travaux qu'exige la culture du maïs.

Ces différents travaux y compris les frais de récolte, peuvent être portés
au chiffre de. . . . .   232 fr.

Achat de graines, environ 20 kilogrammes par hectare.

Le prix du kilogramme de graines étant d'environ 40 centimes.

Résumé.

DÉPENSES. — Un hectare de maïs aura nécessité, au moment de la récolte, pour
les labours, hersages, fumures, binages et achat de graines, une dépense
de 240 francs : pour 2 hectares, de . . . .   480 fr.

RENDEMENT. — Un hectare de maïs pourra donner, comme rendement en
grain, environ 20 hectolitres qui, au prix de 25 francs par hectolitre,
donne 500 francs : les deux hectares, donneront un produit de . .   1.000 fr.

Oliviers, Caroubiers sur 5 hectares.

Défonçage profond et croisé, labours croisés et hersages, tels sont les
premiers travaux que nécessitent les cultures de ces arbres.

Le prix des plantes est variable suivant les localités ; on peut estimer
que jusqu'au moment du rapport qui est en général vers la huitième
année, l'hectare planté en Oliviers ou Caroubiers, coûtera environ
125 francs par an.

A cette époque, c'est-à-dire vers la huitième année, on estime que chaque arbre peut rapporter environ 8 francs par an, et qu'à l'âge de
15 ans, il peut donner un produit moyen de 20 francs.

L'estimation habituelle est que, jusqu'à l'âge de 8 ans, les Oliviers ou
Caroubiers, coûtent 10 francs par arbre.

Résumé.

DÉPENSES. — Les dépenses pour ces 5 hectares de Caroubiers et Oliviers, ayant
été évaluées à 10 francs par arbre, chaque hectare ayant 100 arbres,
cela donne une dépense de 1.000 francs par hectare et pour 5 hectares, de   5.000 fr.
Cette dépense de 1.000 francs par hectare, peut être divisée ainsi :
700 francs la première année et 300 francs d'entretien pendant les
six années suivantes.

RENDEMENT. — Le rendement allant toujours en progressant avec l'âge de
l'arbre on peut évaluer, qu'à partir de la huitième année, l'hectare,
planté en Oliviers, aura un rapport d'environ 800 francs, soit pour
5 hectares . . . .   4.000 fr.

Amandiers: 1 hectare.

Les mêmes travaux que pour les arbres cités ci-dessus, c'est-à-dire défonçage profonds, labours, hersages, etc., etc.

On compte que, jusqu'à la quatrième année, les Amandiers coûtent 5 francs par arbre, et qu'ils donnent, à partir de cette époque, un produit de 6 francs.

Chaque hectare renferme 321 arbres plantés à 6 mètres de distance.

Résumé.

DÉPENSES. — Les dépenses exigées, pour un hectare planté en Amandiers, étant évaluées jusqu'à l'âge de 4 ans à 5 francs par arbre, l'hectare contenant 321 arbres, on aura une dépense totale jusqu'à l'époque du rendement de 321 fois 5 francs, soit . , ...   1.605 fr.

Que l'on peut diviser en 1.450 francs de mise en culture et 50 francs d'entretien par an pendant 3 ans.

RENDEMENT. — A partir de la quatrième année, le rendement étant évalué à 6 francs par arbre, on aura comme produit 321 fois 6 francs, soit.   1.926 fr.

Orangers, Mandariniers, Citronniers. Cédratiers sur 7 hectares.

Défonçages croisés, labours croisés, fumures, binages, tels sont les travaux que nécessitent les terrains destinés à ces genres de culture,

On estime que, jusqu'à l'âge de 4 ans, chaque arbre coûte 10 francs ; l'hectare contenant 321 arbres, plantés à 6 mètres de distance, on a une dépense de : 321 fois 10 francs, soit 3.210 francs et pour 7 hectares, de . . . . , ... , . . .   22.470 fr.

A partir de l'âge de 4 ans, on estime que chaque arbre peut rapporter 6 francs ; à l'âge de 8 ans, 8 francs, et au-dessus, 10 à 12 francs.

Résumé.

DEPENSES. — Les dépenses nécessitées, jusqu'à l'âge de 4 ans, étant de 10 francs par arbre, chaque hectare contenant 321 arbres reviendra à 3.210 francs : et les 7 hectares à . . . .   22.470 fr.

Cette dépense de 3.210 francs peut être divisée ainsi : 3.100 francs de mise en culture et environ 150 francs d'entretien jusqu'à l'époque du rendement.

RENDEMENT. — Le rendement n'étant obtenu qu'à partir de la quatrième année :
en prenant le prix moyen de 8 francs par arbre; pour un hectare de
321 arbres, on aura : 321 fois 8 francs, c'est-à-dire 2.568 francs, et pour
7 hectares.   .   .   .   , ...   17.9~6 fr.

Dattiers sur 40 hectares.

Les travaux de la terre sont les mêmes que pour les cultures citées plus
haut, qui exigent des défonçages profonds, labours, fumures, hersages, binages.

On peut compter que la plantation du Dattier, en y comprenant l'achat
du *Djebbar* ou rejeton, ne dépassera pas 2 francs par arbre.

Chaque hectare renfermera 200 Djebbars.

Résumé.

DEPENSES. — Les dépenses occasionnées pour les travaux de la terre et l'achat
des 200 plants nécessaires pour un hectare de Dattiers, peuvent donc
être évaluées à 800 francs par hectare, et pour 40 hectares, à .   .   .   32.000 fr.

Plus 200 francs d'entretien par hectare jusqu'à l'époque du rendement.

RENDEMENT. — Le rendement d'un dattier étant, à partir de la cinquième
année, évalué à 5 francs : chaque hectare ayant 200 arbres,
produira deux cent fois 5 francs, c'est-à-dire 1.000 francs, et les
40 hectares produiront.   .   .   .   .   40.000 fr.

BANANIERS SUR 1/2 HECTARE.

Pour le Bananier, la terre exige une très bonne préparation, afin d'assurer une végétation luxuriante, et la production de ces plantes
sous un ciel aussi favorable que celui du golfe de Gabès, ne
peut donner qu'un très fort produit, et être, par la suite, un
sujet de commerce très important et même de consommation sur
place, surtout avec la variété (Musa Paradisiaca).

Frais de défonçage, labours, fumures, hersages, pour un demi-hectare   400 fr.

Achat de 1.500 plants à 75 centimes 1.125

Total.   .   .   1.525 fr.

Entretien annuel.   .   .   .   .   100 fr.

La seconde année de plantation, chaque touffe donne au moins un
régime d'environ 100 fruits : chaque régime peut être vendu 4 francs.

Résumé.

DEPENSES. — Un demi-hectare de Bananiers aura exigé, à sa seconde année, par tous les frais des travaux de la terre, achat de plantes et soins divers, une somme de . . . . 1.525 fr.

RENDEMENT. — Un demi-hectare planté de 1.500 plantes, produira 1.500 régimes qui, estimés à 4 francs, donneront un produit de 1.500 fois 4 francs, c'est-à-dire. . . . . 6.000 fr.

Une bananerie bien cultivée, peut durer de 6 à 8 années.

On trouvera, dans le premier demi-hectare, les plants nécessaires aux autres plantations.

Luzernes sur 10 hectares.

Défonçage à la sous-soleuse, labours, fumures, hersages: 170 francs par hectare.

Achat de graines, environ 30 francs par hectare, ce qui porterait les frais d'installation à environ . . . . 200 fr.

Les coupes seront certainement plus fréquentes que dans le Midi de la France. Or, en Provence, et dans les environs de Vaucluse, etc., etc.. on récolte de 12 à 15.000 kilogrammes de foin par hectare, en faisant annuellement cinq coupes ; on peut donc évaluer à 18.000 kilogrammes le rendement que l'on obtiendra à Gabès (à la deuxième année de végétation).

Ces 18.000 kilogrammes peuvent être vendus au prix bas de 5 francs les 100 kilogrammes, ce qui donne à l'hectare : 180 fois 5 francs, soit 900 fr

Les travaux des années suivantes étant presque nuls, puisque l'on peut retrancher les labours nécessaires à la création d'une culture et l'achat des graines, on peut compter qu'une Luzernière ne revient pas à plus de 100 francs par hectare.

Resumé.

DEPENSES. — Les frais d'installation d'une Luzernière exigeant le défonçage, les labours, fumures, hersages et achats de graines, reviennent à 200 francs par hectare, soit pour les 10 hectares . . . . 2.000 fr.

RENDEMENT. — Le rendement, sur lequel on peut compter, étant de 18.000 kilogrammes de foin à l'hectare et se vendant à raison de 5 francs les 100 kilogrammes, on a 180 fois 5 francs, soit 900 francs de rendement et pour 10 hectares . . . . 9.000 fr.

Une Luzernière, bien entretenue, peut durer de 8 à 10 années.

Patates sur 5 hectares.

Labours croisés, hersages, fumures, billonnages, tels sont les travaux nécessaires à cette culture et dont la dépense peut être estimée à 250 francs par hectare.

Achats de plants, environ 40 francs.

Cette plante est d'un très grand produit, puisqu'on peut évaluer son rapport à l'hectare de 40 à 50.000 kilogrammes de tubercules.

La valeur par 100 kilogrammes peut varier de 3 à 5 francs.

Résumé.

DEPENSES. — Un hectare de Patates par ses labours croisés, hersages, fumures, billonnages, achats de plants, peut exiger une dépense de 290 francs, soit pour 5 hectares, de . . . . 1.450 fr.

RENDEMENT. — Le rendement d'un hectare de Patates étant de 40 à 50.000 kilogrammes, en prenant le chiffre de 40.000 kilogrammes et 3 francs pour le prix des 100 kilogrammes, l'hectare rapportera 1.200 francs, et les 5 hectares . . . . 6.000 fr

Ces tubercules devront servir principalement à la nourriture du personnel, et les feuilles à celle des bestiaux et des autruches.

Cotons sur 8 hectares.

Labours croisés, hersages, billonnages, fumures et binages, tels sont les travaux qui exigent par hectare une dépense de 200 francs.

Achat de graines, 10 kilogrammes par hectare, à 8 francs le kilogrammes, soit 80 francs par hectare.

Résumé.

DEPENSES. — Un hectare cultivé en cotons, aura nécessité, pour travaux de labours, hersages, billonnages, fumures, binages, une dépense d'environ 200 francs ; les 8 hectares coûteront. . . . . 1.600 fr

Achat de graines par hectare : 80 francs. Pour 8 hectares . . . . . 640 fr.

Plus soins divers pendant la végétation : 50 francs par hectare. Pour 8 hectares . . . . 400 fr.

Total. . . . . 2.640 fr.

RENDEMENT. — A Saint-Denis-du-Sig (en Algérie), la récolte d'un hectare de coton donne 400 francs de bénéfice net ou 650 francs de rendement brut. Les 8 hectares de coton, produiront . . . .   5.200 fr

---

Ramie sur 10 hectares.

Labours croisés, hersages, fumures et binages :

Ces différents travaux peuvent exiger par hectare une dépense de 300 fr.

Achat de plants : 70.000 plants environ par hectare à 30 francs le mille, soit 2.100 francs.

Le produit à chaque coupe est de 20 à 25.000 kilogrammes de tiges vertes par année, dont le rendement, en lanières sèches, est de 4 à 5.000 kilogrammes par coupe, variant de 30 à 40 francs les 100 kilogrammes.

Résumé.

DÉPENSES. — Un hectare de Ramie aura nécessité pour tous les travaux utiles tels que labours, hersages, etc., etc., et récolte des tiges, une dépense d'environ 350 francs : soit pour 10 hectares, de . . . .   3.500 fr.
Plus pour l'achat des 70.000 plants par hectare à 30 francs le mille : 2,100 francs pour un hectare, et pour les 10 hectares . . . . . .   21.000 fr.

Dépense totale pour les 10 hectares de Ramie. . . .   24.500 fr.

Il convient de noter ici que pour les hectares suivants, on trouvera dans les premiers plantés, tous les moyens de multiplication pour les autres hectares, qui se trouveraient ainsi dégrevés des frais d'achats de plants, c'est-à-dire de 2.100 francs par hectare.

RENDEMENT. — Le rendement d'un hectare de Ramie étant de 20 à 25.000 kilogrammes de tiges vertes pour chaque coupe, quatre coupes à l'année donneront de 80 à 100.000 kilogrammes. Ces 20 ou 25.000 kilogrammes de tiges vertes, doivent donner en lanières sèches de 4 à 5.000 kilogrammes bruts, soit pour quatre coupes : 16 à 20.000 kilogrammes de lanières sèches. Le prix de ces lanières sèches variant de 30 à 40 francs les 100 kilogrammes, en prenant le chiffre de 30 francs, et en admettant le chiffre le plus bas de 16.000 kilogrammes, on a comme produit une somme de 4.800 francs par hectare, et pour 10 hectares . . . .   48.000 fr.

Une plantation de Ramie peut durer 10 années.

Les feuilles peuvent servir à l'alimentation des moutons.

Culture fourragère : 5 hectares.

Les Cultures fourragères seront composées de racines fourragères, tuberculeuses et autres, nécessaires au bétail.

La Culture des plantes fourragères, exige une assez forte dépense par hectare : elle peut être évaluée à 400 francs environ.

On estime que le rendement d'un hectare en culture de racines et plantes fourragères est de 500 francs.

Résumé.

DÉPENSE. — Un hectare en culture fourragère exigeant pour tous les frais de labours, fumures, hersage, arrosages, et achats de graines, une dépense d'environ 400 francs. Les 5 hectares, coûteront . . . . 2,000 fr.

RENDEMENT. — Le rendement d'un hectare étant d'environ 500 francs. Les 5 hectares produiront . . . . 2.500 fr,

Culture maraîchère : 3 hectares.

Ces 3 hectares comprendront toutes les variétés qui peuvent prospérer dans les pays chauds : Cucurbitacées diverses, Aubergines, Piments, Gumbo, Tomates, Choux, Haricots, Asperges, Artichauts, etc., etc.

La culture maraîchère peut nécessiter, par les travaux répétés de labours fumures, binages et achats de graines, une dépense d'environ 350 francs par hectare.

On estime à 600 francs le rendement à l'hectare.

Résumé.

DÉPENSES. — Un hectare en culture maraîchère exigeant pour tous frais de labours, fumures, etc., et achats de graines, une dépense de 350 francs : 4 hectares nécessiteront une dépense de . . . . . 1.050 fr.

RENDEMENT. — Le rendement d'un hectare étant évalué à 600 francs, 3 hectares donneront . . . . 1.800 fr,

Maïs et Sorgho en vert : sur 1 hectare.

Maïs.

Un sol bien travaillé par labours croisés, et forte fumure tels sont les travaux qu'exige la culture du Maïs : Ces différents travaux peuvent être portés au chiffre de 200 francs.

Achats de graines, environ 20 kilogrammes par hectare pour le Maïs géant (ou Caragua). Le prix du kilogramme de graines étant d'environ 40 centimes : les 20 kilogrammes coûteront 8 francs.

Chaque hectare de Maïs (variété Caragua) peut donner de 100 à 120.000 kilogrammes de produit vert, ainsi qu'il a été constaté au Jardin du Hamma. Ce produit forme un excellent fourrage.

Résumé.

DÉPENSES. — Un hectare de maïs aura nécessité au moment de la récolte pour tous travaux de labours, hersages, binages, fumures et achat de graines, une dépense de. . . . .   208 fr

RENDEMENT. — Un hectare de Maïs peut donner de 100 à 120.000 kilogrammes de tiges vertes, le prix étant, par 1.000 kilogrammes, de 35 francs, l'hectare produira . . . .   3.500 fr

Sorgho.

Les travaux à exécuter pour cette culture sont les mêmes que pour le Maïs, la seule différence consiste dans le prix de la graine qui est de 1 fr. 20 centimes environ le kilogramme. La quantité nécessaire pour l'ensemencement d'un hectare est d'environ 15 kilogrammes, soit 18 francs.

Résumé.

DÉPENSES. — Un hectare de Sorgho nécessiterait au moment de la récolte par les labours et soins divers, hersages, binages, fumures et achat de graines, une dépense qui pourrait être d'environ. . . . . . .   218 fr.

RENDEMENT. — Un hectare de Sorgho peut rapporter environ de 40 à 60.000 kilogrammes de tiges vertes qui, à 30 francs les 1.000 kilogrammes, donneront un produit de . . . .   1.200 fr.

Ces tiges servent à l'alimentation du bétail, on peut également en tirer du sucre et de l'alcool.

L'hectare planté en Maïs et Sorgho, coûtera donc $\left(\dfrac{208 + 218}{2}\right)$ francs :

soit 213 francs de mise en culture et rapportera $\left(\dfrac{3.500 + 1.200}{2}\right)$ francs :

soit 2.350 francs.

Canne à sucre utilisée comme plante fourragère sur 1/2 hectare.

Pour la culture de cette plante, la terre, demande une bonne préparation ; défonçage, labours croisés, fumures, hersages. L'ouverture des sillons doit être faite au moyen du buttoir.

Ces différents travaux demandent une première dépense par hectare de 250 francs, soit pour un demi-hectare : 125 francs.

Achat de Cannes pour la plantation, environ 600 francs par hectare, soit pour un demi-hectare : 300 francs.

Plantation, différents buttages et binages, environ 250 francs pour l'hectare et pour un demi-hectare : 125 francs.

Résumé.

DÉPENSES. — Ce demi-hectare de Cannes aura coûté, jusqu'à la seconde année, époque de la récolte, en travaux de défonçages, labours croisés, hersages, fumures, binages, achats de Cannes et soins divers, environ . 425 fr.

RENDEMENT. — La dépense pour la mise en Culture d'autres hectares, doit être diminuée du prix de l'achat des Cannes, attendu que le premier demi-hectare fournira les plants nécessaires.

On estime que la Canne à Sucre traitée comme plante fourragère peut rapporter, par hectare et par des coupes successives, environ 200.000 kilogrammes de tiges vertes annuellement.

Soit pour un demi hectare 100.000 kilogrammes.

En donnant à ce fourrage la valeur de 25 francs par 1.000 kilogrammes, on aurait pour ce 1/2 hectare un produit de . . . . 2.500 fr.

Une plantation de Cannes peut durer de 6 à 8 années.

Céréales sur 10 hectares.

DEPENSES. — Par les labours, hersages, fumures et achats de grains, on peut estimer qu'un hectare en céréales coûte par an 240 francs, soit pour 10 hectares . . . . 2.400 fr.

RENDEMENT. — Le rendement par hectare, de céréales, tant en blé qu'en orge, peut être, dans la région de Gabès, estimé à 300 francs, soit pour 10 hectares . . . . 3.000 fr.

Les frais de Canalisation et d'Arrosage de l'unité de Culture sont compris dans les prix indiqués ci-dessus.

ANNEXE N° II AU RAPPORT DE M. LE COM^T LANDAS

TABLEAU DE L'EAU NÉCESSAIRE
POUR IRRIGUER 100 HECTARES

NATURE DES PLANTES	NOMBRE d'hectares	MÈTRES CUBES à l'hectare PAR ARROSEMENT	NOMBRE d'arrosements PAR ANNÉE	MÈTRES CUBES à l'hectare ARROSEMENT ANNUEL	TOTAUX des mètres cubes EMPLOYÉS PAR AN
Essences forestières	15	400	3	1.200	18.000
Vignes	30	400	8	3.200	96.000
Maïs (pour le grain)	2	500	12	6.000	12.000
Oliviers, Caroubiers, Amandiers	6	500	30	15.000	90.000
Orangers, Citronniers, Mandariniers	7	500	30	15.000	105.000
Dattiers et cultures intercalaires	40	500	30	15.000	600.000
				TOTAL.	921.000

On peut dire que le puits artésien de l'Oued-Melah, arrosera environ 500 hectares.

ANNEXE N° III AU RAPPORT DE M. LE COM^T LANDAS

—————

ÉTUDES SUR CERTAINES CULTURES

Utilisation du bois de certaines essences forestières, telles que les Eucalyptus, Casuarinas, Cyprès, Grevillea, Caroubier, etc.

Il y a beaucoup de variétés d'Eucalyptus, celle qui est reconnue la meilleure aujourd'hui, est la variété nommée Résinifera. .

L'Eucalyptus Résinifera croit avec la plus grande facilité. Il atteint très rapidement une hauteur de 5 à 7 mètres, si l'on a le soin de l'arroser fréquemment pendant sa première année de végétation. Son bois, très estimé pour sa dureté et sa finesse, est susceptible d'un très beau poli, ce qui le fait rechercher pour l'ébénisterie.

Casuarinas.

A l'exemple de l'Eucalyptus, certains Casuarinas poussent avec une grande rapidité, surtout avec des arrosages répétés pendant la première année de végétation. Les qualités reconnues du bois des Casuarinas le font beaucoup rechercher, il peut être employé pour tous les genres de constructions et pour les travaux fins de l'ébénisterie.

Il tient le milieu entre le sapin rouge et le Cyprès.

Ainsi que l'Eucalyptus, il atteint en peu d'années une dizaine de mètres de hauteur.

Cyprès horizontal et pyramidal.

Les Cyprès horizontaux et pyramidaux, bien connus dans nos contrées, ne le sont pas assez dans les pays chauds qui seraient si favorables à leur développement.

Les grandes qualités du bois de Cyprès, reconnues depuis longtemps, doivent lui faire tenir une place importante dans notre exploitation où il est appelé à rendre de très grands services.

Grevillea Robusta.

Cet arbre est d'une grande rusticité et se plait dans presque tous les terrains.

L'ombre protectrice produite par son beau feuillage, le rend précieux dans les pays chauds. Son bois, d'une grande dureté, le rend propre à toutes sortes de services, il est également employé pour les travaux fins d'ébénisterie.

Cet arbre est souvent appelé l'arbre à feuilles de Fougères.

Caroubier.

Cet arbre est appelé à rendre de très grands services en Tunisie, et particulièrement à Gabès.

Indépendamment de son bois très dur, pouvant servir pour le charronnage, etc., le Caroubier doit être considéré au point de vue beaucoup plus intéressant de l'alimentation du bétail. Cet arbre commence à rapporter après 3 années de greffe : pendant les quatre ou cinq premières années, chaque arbre peut donner de *un* à *quatre quintaux* de fruits, et plus tard la récolte peut s'élever à *cinq* ou *dix quintaux*.

Le fruit nommé Caroube, est recherché par tous les animaux, et ils en deviennent si friands, qu'une fois habitués à manger des Caroubes, ils laissent volontiers toute autre nourriture.

La Caroube est mangée par tous les animaux, bœufs, moutons, chèvres, porcs, etc., etc.

C'est donc un arbre très précieux.

2. — *Ramie* ou China-Grass.

Depuis de longues années, les industries de la filature et du tissage recherchent la fibre de la Ramie produite par les Chinois et spécialement utilisée par les Anglais. La production en Chine est très limitée, et, d'un autre côté les procédés de décortication et de préparation sont entièrement manuels.

On vient de tenter avec succès la culture de cette plante en Algérie et dans le Midi de la France, et, en même temps, on a trouvé des moyens mécaniques de décortication très perfectionnés depuis peu.

La *Ramie*, urtica nivea, est une ortie vivace, très rustique, restant dans le même sol, avec quelques soins d'entretien, pendant une dizaine d'années au moins. C'est-à-dire qu'à l'encontre du lin, du chanvre, du coton, etc., etc., cette plante précieuse n'exige pas de culture annuelle et que son caractère vivace permet d'en obtenir plusieurs coupes par an, surtout dans les terrains irrigués.

L'industrie emploie la matière première, à l'état de rubans, par une sorte de rouissage chimique, qui forme une fibre très belle, supérieure au Lin comme qualité et résistance, jouant quelquefois l'effet de la soie.

De très simples machines traitant en sec fonctionnent actuellement ; elles peuvent être desservies facilement par des enfants et des femmes. La filature recherche avidemment le produit de ce végétal qui ne peut réellement bien prospérer que dans les oasis, jardins soumis à des irrigations régulières.

Les industriels sont disposés à passer des marchés très importants pour assurer le fonctionnement normal de leurs usines. La tonne de Ramie mal dégommée, de préparation chinoise, vaut à Londres entre 1.000 et 1.200 francs.

ANNEXE N° IV AU RAPPORT DE M. LE COM^T LANDAS

TEMPS NÉCESSAIRE

AU

DÉFRICHEMENT ET A L'ENSEMENCEMENT DES 10.000 HECTARES
CERTITUDE DE LA MAIN-D'ŒUVRE

D'après les avis des personnes les plus compétentes, il a été reconnu que l'on peut mettre en culture 2.500 hectares par an. On ne peut dépasser ce chiffre, en raison de la difficulté qu'il y aurait à exercer une surveillance efficace sur une plus grande superficie.

Le défrichement et l'ensemencement complet des 10.000 hectares, constituant notre premier essai, demanderont donc une durée de quatre années.

C'est-à-dire que si l'on peut commencer en 1887 : en 1890, on défrichera les derniers 2.500 hectares, et leur rendement aura lieu à la fin de l'année 1891.

C'est donc dès l'année 1892 que la colonie entrera dans la période complète d'exploitation.

Dans une entreprise aussi considérable, la question de la main-d'œuvre est de la plus grande importance, aussi a-t-elle été étudiée avec soin.

Le calcul minutieux du nombre d'ouvriers nécessaires au travail agricole, démontre que pour arriver à mettre en culture 1.250 hectares en six mois, il faut 418 ouvriers, dont 350 indigènes et 68 européens.

Pour être assuré d'avoir constamment cette main-d'œuvre à notre disposition, j'ai passé, avec M. le Gouverneur de la province de Gabès, un contrat par lequel il s'engage à me fournir quotidiennement 500 indigènes valides pendant une période de dix années.

Et afin de pouvoir fixer le chiffre de nos dépenses, le contrat stipule, en outre, que le prix de la journée sera de 2 francs, pendant la même période.

Ces 500 ouvriers indigènes suffiront complètement, tant pour le travail agricole que pour les travaux du port et ceux des puits artésiens.

ANNEXE N° V AU RAPPORT DE M. LE COMᵀ LANDAS

ÉTABLISSEMENT DES CALCULS

Les calculs et devis ont été établis de la façon suivante :

En prenant pour base le travail de M. Rivière, et en admettant que l'on peut défricher les 10.000 hectares en cinq années par fraction semestrielle de 1.250 hectares, on a estimé, par année et pour cinq ans, les dépenses de première mise de fonds et de frais généraux, sans tenir compte de l'amortissement des appareils divers employés, et de l'intérêt et de l'amortissement du capital.

L'opération n'étant possible qu'en admettant que, pendant 5 ans, les fondateurs ne touchent aucun dividende, car les premiers rendements des oasis doivent servir à parachever la mise en culture de la colonie, — il n'y avait plus qu'à calculer quelle était la somme totale brute qu'il fallait employer pour mettre en culture les 10.000 hectares de terrain et pour couvrir les frais généraux de toutes sortes entraînés par ladite opération.

A partir de la 6ᵐᵉ année, l'exploitation entre dans sa période active ; — c'est à dater de ce moment que l'entreprise suit le cours régulier de toute affaire industrielle.

Si nos fondateurs font le sacrifice des intérêts de leur argent pendant 5 ans, ils seront rapidement récompensés de cet abandon par les bénéfices considérables qu'ils recueilleront à partir de la 6ᵐᵉ année.

ANNEXE N° VI AU RAPPORT DE M. LE COMᵀ LANDAS

PUITS ARTÉSIENS. — ÉTUDES DES DÉPENSES

Volume d'eau nécessaire pour irriguer 100 hectares.

Pour irriguer l'unité de culture de 100 hectares, il faut 921.000.000 de litres d'eau par an ; cette quantité divisée par le nombre de minutes contenues dans l'année, c'est-à-dire par 526,600, donne comme quotient le chiffre de *1752*, qui représente en *litres* la quantité d'eau nécessaire par *minute* pour irriguer 100 hectares. Si l'on tient compte de l'eau perdue et de celle employée à des usages domestiques, on peut estimer qu'avec 2.000 litres d'eau par minute, on peut irriguer largement 100 hectares.

Débit moyen des puits.

Quoique le puits artésien de l'Oued-Melah nous ait donné 8.000 litres par minute, nous prendrons comme moyenne de débit celle des puits artésiens de l'*Oued-Rhir*, qui est de 2.500 litres par minute.

Nombre de puits nécessaires pour irriguer 10.000 hectares.

100 hectares demandant 2.000 litres, et la moyenne de débit de nos puits étant estimée à 2.500 litres, il faudra pour irriguer 100 hectares : 2000/2500, soit 0,8 de puits, et pour les 10.000 hectares, c'est-à-dire pour 100 unités de culture, il faudra cent fois plus, soit 80 puits.

Nombre d'appareils de sondage.

Pour mettre nos 10.000 hectares en culture, en 5 ans, il faut que nos puits soient forés en 4 ans, puisqu'il faut une année pour mettre en culture 2.500 hectares, et que nous ne pouvons commencer le travail de défrichement que lorsque les puits fonctionnent. Pour atteindre la couche artésienne, les forages ne dépasseront pas la profondeur de 120 mètres. Un puits de 120 mètres dans les terrains ou nous avons l'intention d'établir nos cultures ne demande que quatre mois pour être foré ; mais, en tenant compte des non-réussites, nous pouvons estimer à une moyenne de six mois la durée du forage d'un puits.

Avec dix appareils de sondage, on pourra donc forer 20 puits par an et en 4 ans, 80 puits.

Coût des puits.

Un appareil avec lequel on peut exécuter un forage de 120 mètres, coûte 12.200 francs. Les tubes qui constituent les parements du puits et en garantissent la durée, reviennent, pour cette profondeur, à 7.800 francs.

La *première mise de fonds*, comprendra :

1º Achat de dix appareils de sondage à 12.200 francs l'un, soit pour les dix appareils . . . .   122.000 francs

Le transport de matériel de cette catégorie, de Paris à Gabès, revient à 7 1/2 % du prix d'achat environ. Un appareil coûtera donc 915 francs de transport, et les dix appareils . . . .   9.150 —   131.150 fr.

2º Achat de chevaux :

La manœuvre, au lieu d'être faite à main d'homme, sera organisée de façon à l'être par cheval, ce qui économisera du temps et diminuera la main-d'œuvre.

Il faudra trois chevaux par puits, comme on creusera dix puits à la fois, il faudra trente chevaux.

Ces trente chevaux coûteront, tout harnachés, 1.500 francs l'un, soit. .   45.000

Total de la première mise de fonds. . . . .   176.150 fr.

Dépenses annuelles pour le percement de vingt puits :

1º Tubages :

Pour chaque puits foré, il faudra compter 7.800 francs de tubes.

Donc pour vingt puits . . . . 156.000 francs

Transports : 7 1/2 º/o . . . . 11.700 — 167.700 fr.

En sus, 15 o/o d'usure et de remplacement d'outils y compris transport, calculés sur 122.000 francs 18.300

Total. . . . . 186.000 fr.

2º Chef sondeur à 6.000 francs (y compris nourriture). 6.000 francs

En sus, 1 franc par mètre foré. En calculant la moyenne des puits à 120 mètres, nous aurons 2.400 mètres de terrain traversé par an, soit à 1 franc le mètre . . . . 2.400 — 8.400 fr.

3º Dix Maîtres-Sondeurs à 3.000 francs (nourriture comprise) . . . . 40.000 fr.

4º Cinq ouvriers arabes par sondage à 2 francs l'un, soit 10 francs par jour. Comme on fait dix sondages à la fois, il faudra cinquante ouvriers qui coûteront 100 francs par jour et pendant une année . . . . 36.500 fr.

5º Nourriture et entretien des chevaux : un cheval coûte 1.000 francs de nourriture et d'entretien par an : pour trente chevaux . . . . 30.000 fr.

Récapitulation.

Première mise de fonds :

Dix appareils, y compris transport . . . . . 131.150 francs

Chevaux . . . . 45.000 — 176.150 fr.

Dépenses annuelles et entretien :

1º Tubages et usure. . . . . . . , . 186.000 francs

2º Chef Sondeur . . . . 8.400 —

3º Maîtres-Sondeurs . . . . 40.000 —

4º Ouvriers arabes . . . . 36.500 —

5º Nourriture des chevaux . . . . . 30.000 — 300.900 fr.

Chaque puits coûtera donc ($\frac{176.000}{80} + \frac{300.900}{20}$) soit 17.245 francs, et les 80 *puits* auront nécessité une dépense de 1.379.600 francs.

ANNEXE N° VII AU RAPPORT DE M. COM^T LANDAS

MATÉRIEL AGRICOLE, ÉTUDE DES DÉPENSES

Achat d'instruments aratoires.

Pour faire le défrichement et l'ensemencement de 1.250 hectares en six mois, il nous faudra une certaine quantité de matériel agricole, dont il est inutile de donner ici la nomenclature. L'achat de ce matériel d'agriculture, coûtera . . . . 55.000 fr.

Transport, 7 1/2 o/o 5.000

Total. . . . . 60.000 fr.

Nombre de chevaux nécessaires.

Il faut cinq jours pour défricher un hectare avec 16 chevaux, ainsi répartis :

8 chevaux au défonçage. . . . . 2 jours.
6 — au labour . . . . 2 —
2 — au hersage . . . . 1 —

Défonçage :

8 chevaux font 1 hectare en deux jours.

Ces 8 chevaux feront $\frac{365}{2}$ hectare en 365 jours, c'est-à-dire 187^h 5.

Pour faire les 2.500 hectares en un an, il faudrait $(\frac{2.500}{197,5} \times 8)$ chevaux, soit 110 chevaux.

Labourage :

6 chevaux font 1 hectare en deux jours.

Ces 6 chevaux feront $\frac{365}{2}$ hectares en 365 jours, c'est-à-dire 187^h 5.

Pour faire les 2.500 hectares en un an, il faudrait $(\frac{2.500}{187,5} \times 6)$ chevaux, soit 83 chevaux.

Hersage :

2 chevaux font 1 hectare en un jour.

Ces 2 chevaux feront 365 hectares en un an.

Pour faire les 2.500 hectares en un an, il faudrait $(\frac{2.500}{365} \times 2)$ chevaux, soit 14 chevaux.

Achat des chevaux.

210 chevaux à 1.500 francs l'un, tout harnachés, coûteront . . . . 315.000 fr.

Nourriture et entretien des chevaux.

210 chevaux à 1.000 francs l'un, coûteront par an. . . . . 210.000 fr.

Frais d'usure et de remplacement de matériel.

15 o/o (y compris transport), sur 55.000 francs. . . . . 8.250 fr.

Frais de mortalité des chevaux.

1/12 sur 315.000 . . . . , . . . 26.000 fr.

Frais de personnel.

1 jardinier en chef à , ...	3.600 francs	
10 — à 2.400 francs	24.000 —	
1 commis aux écritures	2.400 —	30.000 fr.

Résumé.

Première mise de fonds :

1º Matériel agricole	60.000 francs	
2º Achat de chevaux	315.000 —	375.000 fr.

Frais annuels :

1º Personnel agricole	30.000 francs	
2º Nourriture des chevaux	210.000 —	
3º Usure.	8.250 —	
4º Frais de mortalité	26.000 —	274.250 fr.

ANNEXE Nº VIII AU RAPPORT DE M. LE COMMANDANT LANDAS

Tableau donnant les frais de premier établissement et les frais annuels de l'unité de culture de 100 hectares.

NATURE DES PLANTATIONS	NOMBRE d'hectares	DÉPENSES DE PREMIER ÉTABLISSEMENT — PREMIÈRE ANNÉE				FRAIS D'ENTRETIEN DEUXIÈME ANNÉE	
		sur la première unité de culture		sur les autres unités de culture			
		PAR HECTARE	PAR PROPORTION	PAR HECTARE	PAR PROPORTION	PAR HECTARE	PAR PROPORTION
1. — Essences forestières	15	585	8.775	585	8.775	50	750
2. — Vignes	30	334	10.020	280	8.400	195	5.850
3. — Maïs	2	240	480	232	464	50	100
4. — Oliviers, caroubiers	5	700	3.500	700	3.500	50	250
5. — Amandiers	1	1.450	1.450	1.450	1.450	50	50
6. — Oranges, citronniers, etc.	7	3.100	21.770	3.100	21.770	50	350
7. — Dattiers	40	800	32.000	800	32.000	50	2.000
8. — Bananiers	1/2	3.050	1.525	400	200	100	50
9. — Luzernes	10	200	2.000	100	1.000	100	1.000
10. — Patates	5	290	1.450	250	1.250	250	1.250
11. — Cotons	8	330	2.640	200	1.600	200	1.600
12. — Ramie	10	2.450	24.500	300	3.000	100	1.000
13. — Cultures fourragères	5	400	2.000	300	1.500	300	1.500
14. — Cultures maraîchères	3	350	1.050	250	750	250	750
15. — Sorgho et maïs en vert	1	213	213	200	200	200	200
16. — Canne à sucre	1/2	850	425	250	125	250	125
17. — Céréales	10	240	2.400	200	2.000	200	2.000
TOTAUX			116.198		87.984		18.825

FRAIS D'ENTRETIEN (suite)

NATURE DES PLANTATIONS	TROISIÈME ANNÉE		QUATRIÈME ANNÉE		CINQUIÈME ANNÉE		SIXIÈME ANNÉE		SEPTIÈME ANNÉE	
	PAR HECTARE	PAR PROPORTION	PAR HECTARE	PAR PROPORTION	PAR HECTARE	PAR PROPORTION	PAR HECTARE	PAR PROPORTION	PAR HECTARE	PAR PROPORTION
1. — Essences forestières	50	750	50	750	50	750				
2. — Vignes	195	5.850	225	6.750	225	6.750	225	6.750	225	6.750
3. — Maïs	50	100	50	100	50	100	50	100	50	100
4. — Oliviers, caroubiers	50	250	50	250	50	250	50	250	50	250
5. — Amandiers	50	50	50	50						
6. — Oranges, citronniers, etc.	50	350	50	350						
7. — Dattiers	50	2.000	50	2.000	50	2.000				
8. — Bananiers	100	50	100	50	100	100	100	50	100	50
9. — Luzernes	100	1.000	100	1.000	100	1.000	100	1.000	100	1.000
10. — Patates	250	1.250	250	1.250	250	1.250	250	1.250	550	1.250
11. — Cotons	200	1.600	200	1.600	200	1.600	200	1.600	200	1.600
12. — Ramie	100	1.000	100	1.000	100	1.000	100	1.000	100	1.000
13. — Cultures fourragères	300	1.500	300	1.500	300	1.500	300	1.500	300	1.500
14. — Cultures maraîchères	250	750	250	750	250	750	250	750	250	750
15. — Sorgho et maïs en vert	200	200	200	200	200	200	200	200	200	200
16. — Canne à sucre	250	125	250	125	250	125	250	125	250	125
17. — Céréales	200	2.000	200	2.000	200	2.000	200	2.000	200	2.000
TOTAUX		18.825		19.725		19.325		16.525		16.525

Résumé du Tableau précédent.

On voit, d'après ce tableau, que sur la première unité de culture mise en exploitation, la dépense se montera à 116.198 francs, soit 117.000 francs, et que sur les autres unité de cultures, la dépense de l'établissement ne s'élèvera qu'à 87.984 francs, soit 89.000 francs, puisque nous aurons, pour la Vigne, les Bananiers, les Luzernes, les Patate, Ramie, etc., etc., les plants nécessaires à la reproduction.

En ce qui concerne les frais d'entretien annuel, le montant en sera d'abord de 18.825 francs, soit 20.000 francs, jusqu'à la fin de la cinquième année ; à partir de cette époque, les frais annuels d'entretien ne dépasseront pas 16 à 17.000 francs.

ANNEXE N° IX AU RAPPORT DE M. LE COM^T LANDAS

Tableau donnant les époques des percements des 80 puits, des époques de défrichement et d'ensemencement de chaque fraction de 1,250 hectares et des dates de la première année de rendement de chacune de ces unités.

NOMBRE de PUITS	ÉPOQUES DES PERCEMENTS DES PUITS (La durée du percement a été calculée à 6 mois)	SURFACE IRRIGUÉE	ÉPOQUES DE DÉFRICHEMENTS	ÉPOQUES DES ENSEMENCEMENTS	Première année de Rendement.
10 puits	Du 1er juillet 1886 au 31 décembre 1886	1250 hect.	1er semestre de 1887	Même époque que le défrichement.	1888
10 puits	Du 1er janvier 1887 au 30 juin 1887	1250 hect.	2e semestre de 1887	Hiver de 1887	1888
10 puits	Du 1er juillet 1887 au 31 décembre 1887	1250 hect.	1er semestre de 1888	Même époque que le défrichement.	1889
10 puits	Du 1er janvier 1888 au 30 juin 1888	1250 hect.	2e semestre de 1888	Hiver de 1888.	1889
10 puits	Du 1er juillet 1888 au 31 décembre 1888	1250 hect.	1er semestre de 1889	Même époque que le défrichement.	1890
10 puits	Du 1er janvier 1889 au 30 juin 1889	1250 hect.	2e semestre de 1889	Hiver de 1889.	1890
10 puits	Du 1er juillet 1889 au 31 décembre 1889	1250 hect.	1er semestre de 1890	Même époque que le défrichement	1891
10 puits	Du 1er juin 1890 au 30 juin 1890	1250 hect.	2e semestre de 1890	Hiver de 1890	1891
80 puits		10000 hect			

ANNEXE N° X AU RAPPORT DE M. LE COM^T LANDAS

Montant et Époques de revenu brut d'une unité de culture de 100 hectares

NATURE DES PLANTATIONS	Nombre	Montant du revenu brut		1re année	2me année	3me année	4me année	5me année	6me année	7me année	8me année
		par hectare	par proportion								
1. — Essences forestières	15							22,500			
2. — Vignes	30	1,750	52,500				52.500	52,500	52,500	52,500	52,500
3. — Maïs	2	500	1,000	1,000	1,000	1 000	1,000	1,000	1,000	1,000	1,000
4. — Oliviers, Caroubiers	5	800	4,000								4,000
5. — Amandiers	1	1,900	1,900						1,900	1,900	1,900
6. — Orangers, Citronniers	7	2,500	17,500						17.500	17,500	17,500
7. — Dattiers	40	1,000	40,000					40,000	40,000	40,0 0	40,000
8. — Bananiers	1/2	12,000	6,000		6,000	6,000	6,000	6,000	6,000	6,000	6,000
9. — Luzernes	10	1,000	10,000		10,000	10,000	10,000	10,000	10,000	10,000	10,000
10. — Patates	5	1,200	6,000	6,000	6,000	6,000	6,000	6,000	6,000	6,000	6,000
11. — Cotons	8	650	5,200	5,200	5,200	200	5,200	5,200	5,200	5,200	5,200
12. — Ramie	10	4,800	48,000		48,000	48,000	48,000	48,000	48,000	48,000	48,000
13. — Cultures fouragères	5	500	2,500	2,500	2,500	2,500	2,500	2,500	2,500	2,500	2,500
14. — Cultures maraîchères	3	600	1,800	1,800	1,800	1,800	1,800	1,800	1,800	1,800	1,800
15. — Sorgho, Maïs en vert	1	2 350	2,350	2,350	2,350	2,350	2,350	2,350	2,350	2,350	2,350
16. — Cannes à sucre	1/2	5,000	2.500	2,500	2,500	2,500	2,500	2,500	2,500	2,500	2,500
17. — Céréales	10	300	3,000	3,000	3,000	3,000	3,000	3,000	3,000	3,000	3,000
Totaux.........				24,350	88,350	88,350	140,850	203,350	200,250	200,250	204,250

Résumé du Tableau précédent.

On voit, par le tableau précédent, que le rendement plein de l'unité de culture ne s'obtient qu'à la huitième année ; mais, dès la cinquième année, le rendement brut de l'unité de culture de 100 hectares dépasse 200.000 francs.

Pour obtenir les rendements d'un certain nombre d'hectares, il suffira de répéter les chiffres du tableau autant de fois qu'il y aura d'unités de 100 hectares mises en culture.

ANNEXE N° XI AU RAPPORT

Tableau des Montants et Epoques des rendements DE M. LE COM^T LANDAS

totaux bruts de la Colonie agricole de 10.000 hectares.

	1888	1889	1890	1891	1892	1893	1894	1895	1896	1897	1898
Les 2.500 hectares plantés dans l'année 1887 donneront les rendements ci-contre.	608 750	2 208 750	2 208 750	3 521 250	5 083 750	5 006 250	5 006 250	5 106 250	5 106 250	5 106 250	5 106 250
Les 2.500 hectares nouveaux plantés dans l'année 1888 donneront es rendements ci-contre .		608 750	2 208 750	2 208 750	3 521 250	5 083 750	5 006 250	5 006 250	5 106 250	5 106 250	5 106 250
Les 2.500 hectares nouveaux plantés dans l'année 1889 donneront les rendements ci-contre .			608 750	2 208 750	2 208 750	3 521 250	5 083 750	5 006 250	5 006 250	5 106 250	5 106 250
Les 2.500 hectares nouveaux plantés dans l'année 1890 donneront les rendements ci-contre .				608 750	2 208 750	2 208 750	3 521 250	5 083 750	5 006 250	5 006 250	5 106 250
Totaux .	608 750	2 817 500	5 026 250	8 547 500	13 022 500	15 820 000	18 617 500	20 202 500	20 225 000	20 325 000	20 425 000

Résumé du tableau ci-dessus.

On voit, par le tableau précédent, qu'à partir de 1892, époque à laquelle toute la colonie sera mise en exploitation, *le revenu brut par hectare*, sera :

1892. . . .	1,302 francs.	1895. . . .	2,020 francs
1893. . . .	1,582 —	1896. . . .	2,022 —
1894. . . .	1,861 —	1897. . . .	2,032 —
	1898.	2,042 francs	

ANNEXE N° XII AU RAPPORT DE M. LE COM^T LANDAS

TABLEAUX
DES
MISES DE FONDS ANNUELLES
JUSQU'A LA PÉRIODE D'EXPLOITATION

Première année — 1886. — TRAVAIL OPÉRÉ : *Percement de 10 puits, mise en culture de 400 hectares, (Puits de l'Oued-Melah).*

DÉPENSES DE PREMIER ÉTABLISSEMENT		FRAIS GÉNÉRAUX DE L'ANNÉE	
1° Achat de 10 appareils de sondages, y compris transport et achat de 30 chevaux de manœuvre . . . . , .	176,150	1° Frais de personnel agricole, de nourriture des chevaux et d'usure	137,125
2° Mise en Culture de 400 hectares à 117.000 francs les 100 hectares	468,000	2° Frais d'administration . . .	100,000
		3° Frais de voyage	20,000
3° Achat de 210 chevaux tout harnachés et du matériel nécessaire agricole	375,000		
4° Frais de Construction . . .	200,000		
5° Frais de percement de 10 puits	244,300		
Total	1,453,450	Total	257,125

Total des dépenses pendant l'année 1886 :
Dépense de premier établissement . . .   1.453.450 francs.
Frais généraux . . . .   257.125 —
Imprévu . . . .   89.425 —

Total. . . .   1.800.000 francs.

Deuxième année — 1887 — TRAVAIL OPÉRÉ : *Percement de 20 puits, mise en culture de 2,500 hectares.*

DÉPENSES DE PREMIER ÉTABLISSEMENT		FRAIS GÉNÉRAUX DE L'ANNÉE	
1º Frais de percement de 20 puits	300,900	1º Frais de personnel agricole et nourriture des chevaux . .	274,250
2º Frais de mise en culture de 2.500 hectares à 89.000 francs par 100 hectares. . . , .	2,225,00a	2º Frais d'entretien de 400 hectares pendant l'année 1887 à 20.000 francs les 100 hectares.	80,000
3º Frais de Construction . . .	100,000	3º Frais d'entretien de 1.250 hectares pendant 6 mois . . .	125,000
		4º Frais d'administration . . .	100,000
		5º Frais spéciaux d'exploitation : 1 Contrôleur . . . 3.600 fr. 1 Commis . . . . 2.400 fr.	6,000
		6º Frais de Voyage	10,000
		7º Redevance au bey . , . .	3,000
Total	2,625,900	Total	598,250

Total des dépenses de l'année 1887. . 3.224.150 francs.
Imprévu . . . . 75.850 —

Total. . . . 3.300.000 francs.

Troisième année — 1888 — TRAVAIL OPÉRÉ : *Percement de 20 puits,
mise en culture de 2,500 hectares.*

DÉPENSES DE PREMIER ÉTABLISSEMENT		FRAIS GÉNÉRAUX DE L'ANNÉE	
1° Frais de percement de 20 puits	300.900	1° Frais de personnel agricole et nourriture des chevaux. . .	274,250
2° Frais de mise en Culture de 2.500 hectares à 89.000 francs les 100 hectares	2,225,000	2° Frais d'entretien pour l'année 1888. 2.900 hectares, pendant l'année.	580,000
3° Frais de Construction. . . .	100,000	1.250 hectares pendant 6 mois .	125,000
		3° Frais d'administration . . .	100,000
		4° Frais spéciaux d'exploitation : 2 Contrôleurs à 3.600 2 Commis à . 2.400	12,000
		5° Frais de voyage.	10,000
		6° Redevance au bey.	5,000
Total	2,625,000	Total	1,106,250

Total des dépenses de l'année 1888. . 3.732.150 francs.
Imprévu . . . . 67.850 —

Total. . . . 3.800.000 francs.

Quatrième année — 1889 — TRAVAIL OPÉRÉ : *Percement de 20 puits,
mise en culture de 2.500 hectares.*

DÉPENSES DE PREMIER ÉTABLISSEMENT		FRAIS GÉNÉRAUX DE L'ANNÉE	
1º Frais de percement de 20 puits	300,900	1º Frais de personnel agricole et nourriture des chevaux. . .	274,250
2º Frais de mise en Culture de 2.500 hectares	2,225,000	2º Frais d'entretien pour l'année 1889 :	
3º Frais de Construction . . .	100,000	5.900 hectares, pendant 1 an .	1,180,000
4º Matériel vinaire	150,000	1.250 hectares, pendant 6 mois .	125,000
		3º Frais d'administration . . .	150,000
		4º Frais spéciaux d'exploitation : 5 Contrôleurs à 3.600 5 Commis à . 2.400	30,000
		5º Frais de voyage	10.000
		6º Redevance au bey	7,000
Total	2,775,000	Total	1,776,230

Total des dépenses de l'année 1889. .   4.551.250 francs.
Imprévu . . . .   48.750   —

Total. . . .   4.600.000 francs.

Cinquième année — 1890 — TRAVAIL OPÉRÉ : *Percement de 10 puits.*
mise en culture de 2,500 hectares.

DÉPENSES DE PREMIER ÉTABLISSEMENT		FRAIS GÉNÉRAUX DE L'ANNÉE	
1º Frais de percement de 10 puits	234,300	1º Frais de personnel agricole et nourriture des chevaux. . .	274,250
2º Frais de mise en Culture de 2.500 hectares	2,225.000	2º Frais d'entretien. . . . ,	
3º Frais de Construction , . .	100,000	8.400 hectares pendant 1 an .	1,680,000
4º Matériel vinaire	700,000	1.250 hectares pendant 6 mois.	125,000
		3º Frais d'administration . . .	150,000
		4º Frais spéciaux d'exploitation :	
		10 Contrôleurs à 3.600 10 Commis à. . 2.400	60,000
		5º Frais de voyage.	10,000
		6º Redevance au bey . . .	10,000
Total	3,259,300	Total	2,309,250

Total des dépenses de l'année 1890. .   5.568.550 francs.
Imprévu. . . . .   31.450 —

         Total. . .   5.600.000 francs.

Sixième année — 1891 — TRAVAIL OPÉRÉ : *Fin du trvvail agricole.*

DÉPENSES DE PREMIER ÉTABLISSEMENT		FRAIS. GÉNÉRAUX DE L'ANNÉE	
Matériel vinaire	2,100,000	1° Frais de personnel agricole .	274,250
		2° Frais d'entretien de 9.650 hec.	1,930,000
		3° Entretien de 1.250 hectares pendant 6 mois	125,000
		4° Frais d'administration . . .	200,000
		5° Frais spéciaux d'exploitation .	60,000
		6° Frais de voyage	10,000
		7° Redevance au bey	10,000
	2,100,000	Total. . . .	2,609,250

Total des dépenses de l'année 1891 . . 4.709.250 francs.
Imprévu . . . . 40.750 —

Total. . . . 4.750.000 francs.

Résumé des tableaux précédents

Le total des dépenses effectuées jusqu'à la fin de 1891, sera le suivant :

1886.	1.800.000 francs.
1887.	3.300.000 —
1888.	3.800.000 —
1889.	4.600.000 —
1890.	5.600.000 —
1891.	4.750.000 —
Total. . .	20.850.000 francs.

Pour mettre en culture les 10.000 hectares, il nous faudra donc 20.850.000 francs: en déduisant de ce chiffre les recettes opérées pendant ces cinq premières années, nous aurons le montant de la somme qui nous est nécessaire pour la première mise de fonds :

1888.	608.750 francs.
1889.	2.817.500 —
1890.	5.026.250 —
1891.	8.547.500 —
Total. . .	17.000.000 francs.

(Nous avons négligé intentionnellement le produit des 400 hectares plantés autour du puits artésien de l'Oued-Melah. L'oasis, ainsi formée, nous servira surtout de pépinière pour les autres plantations).

Pendant les cinq premières années, nos cultures intercalaires n'ayant pas encore de protection suffisante par suite du peu d'élévation des palmiers et autres arbres, il convient de diminuer le rendement de nos oasis, pendant ces cinq années, d'une proportion que l'on peut estimer au maximum à 25 %.

Les 17 millions de rendement, diminués du 1/4, donnent 12.750.000 francs. En déduisant ce chiffre de la dépense totale de 20.850.000 francs, on voit que pour mettre en culture nos 10.000 hectares, nous avons besoin de 8 millions.

ANNEXE N° XIII AU RAPPORT DE M. LE COM^T LANDAS
FRAIS GÉNÉRAUX ANNUELS D'EXPLOITATION
DE LA COLONIE AGRICOLE

Les 10.000 hectares étant mis en culture à la fin de l'année 1891, la colonie, dès l'année 1892, entre dans sa période d'exploitation.

Les frais annuels peuvent être estimés de la façon suivante :

1° Frais d'entretien des 10.000 hectares de culture, personnel, matériel, animaux, etc., etc.	2.150.000 francs.
2° Frais d'administration.	500.000 —
3° Contrôle.	100.000 —
4° Voyages	10.000 —
5° Redevances au Bey	10.000 —
Total.	2.950.000 francs.

Soit trois millions de francs.

ANNEXE N° XIV AU RAPPORT DE M. LE COMᵀ LANDAS

RENDEMENTS NETS DE L'HECTARE A PARTIR
DE LA PÉRIODE D'EXPLOITATION

A partir de la période d'exploitation, c'est-à-dire à partir de 1892, le rendement net de l'hectare s'établira ainsi :

	1892	1893	1894	1895	1896	1897	1898
Rendement brut	1.302	1.582	1.861	2.020	2.022	2.022	2.042
Frais généraux . . . 300 fr.							
Intérêt à 5 % du capital de 15 millions . . . 75	450	450	450	450	450	450	450
Amortissement du capital à 5 % 75							
RENDEMENT NET. . .	**852**	**1.132**	**1.411**	**1.570**	**1.572**	**1.572**	**1.592**

On voit, par le tableau ci-dessus, que, *trois ans après la première année d'exploitation* en 1895, le revenu *net* par hectare dépassera 1.500 francs, c'est-à-dire 100 % du capital total employé.

ANNEXE N° XV AU RAPPORT DE M. LE COMᵀ LANDAS

ASSURANCE DU CAPITAL PAR LA VALEUR FORESTIERE
DE LA COLONIE

Forestiers	1.200.000	pieds à 10 fr.	=	12.000.000 fr.
Orangers, Citronniers, etc. .	224.700	— à 10 fr.	=	2.247.000 fr.
Oliviers, Caroubiers. . . .	50.000	— à 10 fr.	=	500.000 fr.
Amandiers	32.100	— à 10 fr.	=	321.000 fr.
Dattiers.	800.000	— à 10 fr.	=	8.000.000 fr.
Total.	2.306.800	arbres à 10 fr.	=	23.068.000 fr.

Les intérêts du capital de 15 millions étant de 750.000 francs par an, forment au bout de dix ans, un chiffre de 7.500.000 francs, lesquels, ajoutés au capital de 15 millions, donnent un total de 22.500.000 francs, qui seront assurés par les 23 millions de francs, représentant la valeur en *bois* des essences diverses plantées dans les oasis.

ANNEXE N° XVI AU RAPPORT DE M. LE COM^T LANDAS

DÉCRET DU BEY DE TUNIS

15 SFAR 1303 = (23 novembre 1885)

ARTICLE PREMIER.

M. Ferdinand de Lesseps est autorisé, à procéder, à ses frais, risques et périls et sans garantie ni subvention d'aucune sorte de la part du Gouvernement Tunisien dans le présent et dans l'avenir, à des recherches d'eaux artésiennes sur les terrains domaniaux, non bâtis, non complantés et non affectés à des services publics situés dans le Gouvernement de l'Arad et des Mehedbas qui seront ultérieurement déterminés par l'administration, M. de Lesseps entendu.

ARTICLE 2.

Lorsque les recherches auront abouti à la création d'une source artésienne le débit en sera jaugé par un agent de l'État, et 100 hectares desdits terrains domaniaux, non bâtis, non complantés et non affectés à des services publics, seront vendus à M. de Lesseps par mètre cube de débit à la minute, jusqu'à concurrence d'une superficie totale maximum de dix mille hectares.

Le prix de vente sera calculé sur la valeur des terrains avant la création de la source artésienne.

En cas de désaccord sur le prix entre le Gouvernement et M. de Lesseps celui-ci sera fixé à dire de trois experts nommés, savoir : un par chacune des parties et le troisième par le président du Tribunal français.

Dans le cas où l'État ne posséderait que la jouissance des terrains, M. de Lesseps aurait à s'entendre avec le propriétaire du fonds et réciproquement.

Article 2.

L'Etat remettra à M. de Lesseps les droits de propriété qu'il posséde sur les terrains domaniaux, ainsi vendus, sans garantie de propriété ni de contenance et avec toutes les charges, les droits d'usage et autres dont ils seraient grevés.

M. de Lesseps prendra à sa charge tous les dommages pouvant résulter de ses travaux pour les fonds voisins.

En cas de quelque difficulté de quelque nature qu'elle soit, il appartiendra à M. de Lesseps de défendre les droits qu'il tient de l'Etat, sans pouvoir le mettre en cause, celui-ci ne pouvant, en aucun cas, être tenu à autre chose qu'au remboursement du prix de vente, s'il était reconnu que le terrain n'était pas domanial.

Article 4.

M. de Lesseps devra payer à l'Etat Tunisien, à titre de redevance, pour l'exploitation des nappes artésiennes, une somme annuelle de un franc par hectare de terrains domaniaux à lui vendus, ainsi qu'il a été dit au paragraphe premier de l'article 2 du présent décret.

Articl 5.

Le Gouvernement se reserve de réglementer, en ce qui concerne la conservation et le bon aménagement des nappes d'eau souterraines, le forage des puits artésiens dans la Régence, et M. de Lesseps sera soumis à toutes les obligations qui dériveraient pour lui de cette réglementation.

Article 6.

Une autorisation semblable à celle accordée à M. de Lesseps pourra être donnée à toute personne et dans les mêmes régions.

Elle ne pourra, en aucun cas, être un obstacle à l'exécution de travaux publics et notamment au forage de puits artésiens que le Gouvernement, les Communes, les Collectivités indigènes et les Établissements publics qui voudraient entreprendre dans lesdites régions.

Elle n'empêchera pas l'État de disposer librement de son domaine, sauf des terrains sur lesquels des travaux de sondage seront en voie d'exécution.

Elle sera périmée de plein droit 20 ans après la date du présent décret.

ARTICLE 7.

M. de Lesseps est autorisé à construire à ses frais, risques et périls, et sans garantie ni subvention d'aucune sorte de la part du Gouvernement Tunisien, dans le présent et dans l'avenir, un port sur un point de la côte entre et y compris Gabès et le Ras-Maharès, à déterminer ultérieurement par l'administration, M. de Lesseps entendu. Celui-ci, devra adresser à l'administration des propositions pour l'emplacement du port dans le délai de trois mois à dater du présent.

Les dépenses que nécessiteront les installations des services publics du port et le logement de leur personnel, tels que direction du port, agence sanitaire, recette et magasins des douanes, seront à la charge de M. de Lesseps.

ARTICLE 8.

Un cahier des charges de la construction et de l'exploitation du port sera dressé par l'administration et accepté par M. de Lesseps, sous peine de déchéance, dans le délai de six mois, à dater de la présentation qui lui en sera faite.

Les autres cas de déchéance seront spécifiés au dit cahier des charges.

ARTICLE 9.

Tous les frais d'exécution des dispositions du présent décret seront à la charge de M. de Lesseps.

ARTICLE 10.

M. de Lesseps est autorisé à constituer une société anonyme qui sera substituée à ses droits et obligations, aucune autre cession ne pourra être faite ultérieurement sans notre assentiment.

ARTICLE 11.

M. de Lesseps ou tout cessionnaire autorisé devra, pour l'exécution du présent, faire élection de domicile à Tunis où toute notification ou signification lui sera régulièrement faite sans qu'il y ait à tenir compte du délai des distances. A défaut de domicile élu, les notifications et significations de toute nature seront régulièrement faites à Tunis, dans les bureaux de la municipalité.

Paris. — Imprimerie P. Mouillot, 13, quai Voltaire. — 63236

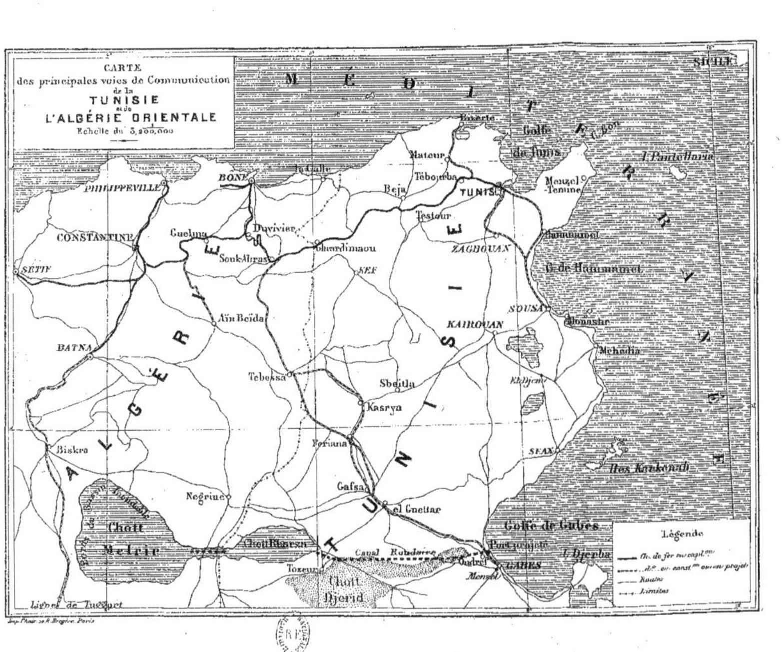

CARTE
des principales voies de Communication
de la
TUNISIE
et de
L'ALGÉRIE ORIENTALE
Échelle de 3,200,000
M É D I T E R R A N É E
SICILE
PHILIPPEVILLE
BONE
La Calle
Bizerte
Golfe de Tunis
Mateur
Tébourba
Beja
Testour
TUNIS
Menzel-Temine
I. Pantellaria
CONSTANTINE
Guelma
Duvivier
Ghardimaou
Souk Ahras
ZAGHOUAN
Hammamet
SÉTIF
KEF
G. de Hammamet
Aïn Beïda
KAIROUAN
SOUSA
Monastir
BATNA
Mehedia
Tebessa
Sbeitla
El Djem
Kasrya
Biskra
Feriana
SFAX
Iles Kerkenah
Négrine
Gafsa
el Guettar
Chott Melrir
Chott Rharsa
Canal Roudaire
Oudref
Golfe de Gabès
Port Impérial
I. Djerba
GABÈS
Tozeur
Menzel
Chott Djerid
Ligne de Tueggurt
Légende
Ch. de fer en exploit.on
d.o en const.on ou en projet
Routes
Limites
Imp. Photo. de A. Regnier, Paris

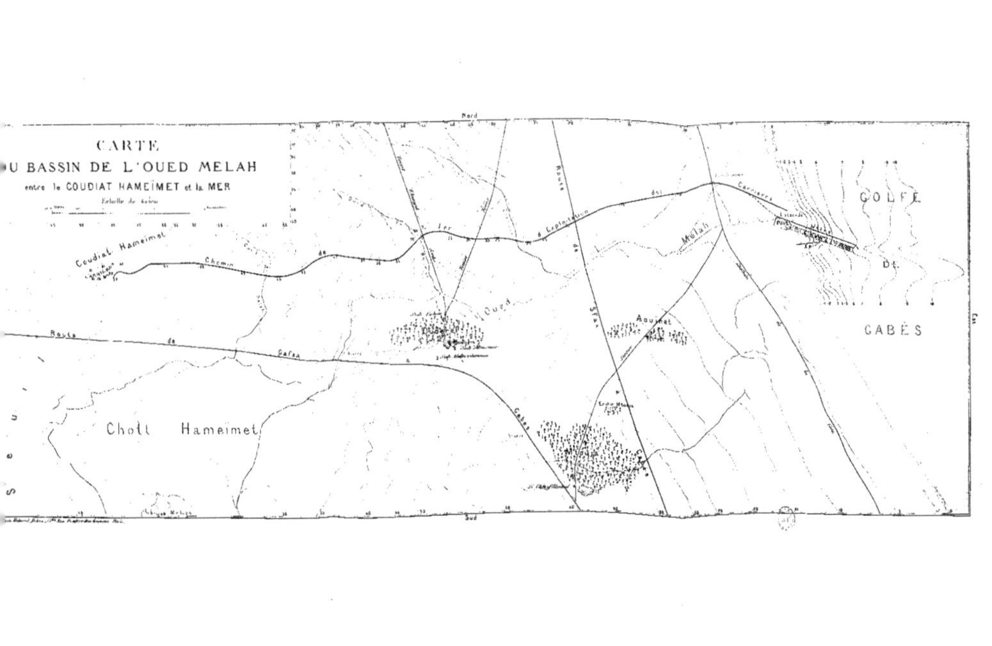

CARTE
DU BASSIN DE L'OUED MELAH
entre le COUDIAT HAMEIMET et la MER
Echelle de 4e/m
Coudiat Hameimet
Chemin
Route
de
Gafsa
Nord
Oued
Melah
Carrières
GOLFE
DE
GABÈS
Choll Hameimet
Aouinet
Sfax
Gabès
Est
Sud